新装版　子どもに必要なソーシャルスキルのルール BEST99

スーザン・ダイアモンド著　上田勢子訳

黎明書房

この本が誕生したのは，ソーシャルスキルを高めるためにわたしの作ったルールを使ってくれた生徒たちのおかげです。勇気と知力にあふれ，常に楽しむことをわすれないみんなにこの本を捧げます。ありがとう！　この本はきみたちのための本です！

スーザン・ダイアモンド

まえがき

　わたしは，社会生活がうまく送れなくて苦しむ子どもたちと，さまざまな形で数十年にわたって関わってきました。そのような子どもたちの中には，学習障害，自閉症スペクトラム，感情面の問題といった障害があるために苦しんでいる子どももいます。

　彼らの共通の悩みは，いつ，なにを，だれに言ったらよいのかがわからないということです。たとえば，どうやって友だちを作ったり，友だちと仲よくしたりすればよいか，その方法がわからないということなのです。

　社会生活という迷路を通り抜けるのに役立つ本やガイドブックはないかと，親御さんにもよく聞かれました。そんな本がここに登場しました！

　彼らは，ほかの子どものようにたやすく経験から学ぶことができません。周囲の大人や友だちの反応もよく理解できません。すぐにいや気がさしたり，落ち込んだりすることもありますし，腹を立てることもよくあります。

　それは，なぜまわりの人が，自分の望むことを望むときにしてくれないのかが理解できないからです。ほかの人にもそれぞれ興味や希望や要求があるということが，彼らにはふしぎなことに思えるのです。

　わたしの知っているある青年は，まだ10代のころ，おばあさんにマナーの本をもらったそうです。この本は彼の人生を変えました。彼は，この本をはじめから終わりまで読んで，そこに書いてあったエチケットのルールを守るようになりました。

　エチケットは規則の一種です。こういうときは，こうしなさい，と明確に教えてくれるルールなのです。そしてルールを守ることは，彼らの得意とするところです。社会生活の規則も，マナー本のようにはっきり書かれていれば，彼らはそれを理解して守ることができるようになるのです。この本は，まさにそういう本です。

　それでは，どんなルールを決めたらよいのでしょうか？　著者は，その答えを子どもたちから引き出しました。子どもたちといっしょに，実生活に直接当てはまるルールを作り出したのです。

　からかわれたとき，仲間に入れてもらえないとき，いじめられたとき，まちがった行動をしたとき，会話の仕方がわからないとき，友だちができないとき……こんな状況に直接当てはまるルールを作ったのです。

　本屋に行けば，子どもにソーシャルスキルを教える本がほかにもあるかもしれません。でも，

この本ほど子どもに直接，そして正直に語りかける本はないと思います。

　この本には，複雑な社会生活をじょうずに送るために，すべての子どもと思春期の青年に必要な，99のルールが載っているのです。

教育セラピスト　アン・ゴードン博士
(35年にわたり子どもや家族の教育，教師や臨床医，教育セラピストの監督，教室でのリサーチなどを行う。カリフォルニア州サン・ラファエル市とオークランド市で，教育コンサルティングならびに成人の心理セラピーを行っている。)

この本の使い方

　この本で紹介するルールを作るきっかけとなったのは，16年前のある日のできごとでした。わたしの診療所に来たひとりの子どもが，人に会ったらあいさつをしたいけれど，どうしたらよいかわからない，と言ったのです。そこでわたしは，「あいさつ」についてのルールを書き，彼が練習しておぼえられるようにしました。

　この1つ目のルールが大変役に立ったので，それからわたしは，いろいろな状況でのルールを作り始めました。ほかの子どもたちもルールを使いたがるようになりました。

　そして，わたしは今でもルールを書き続けています。この本を通して，より多くの子どもたちがもっと楽しく毎日を過ごせるようになることを願っています。

●99のルールの内容について

　ルールは，子どもたちの学校や家庭生活の中での対人コミュニケーションにおける必要性を考えて選びました。

　たとえば，メールやコンピュータゲームのような現代に欠かせないものについてのルールも入れました。子どもたちが毎日出会う問題である，友だち関係や，いじめについても述べています。

　強調したい大切なルールは，さまざまな状況に合わせて，意図的に何度もくり返して記しました。

●ルールはこのように紹介されています

　ルールは1〜2ページに1つずつ書かれています。短い説明とかんたんなやり方のあと，ページの最後の「**わすれないで！**」では，ルールを標語のようにおぼえやすくまとめてあります。

　子どもたちは，実際にやってみながらおぼえます。行動のプロセスこそが学習なのです。

●先生や保護者の方々へ

　子どものソーシャルスキルを高めるために，どう助言したらよいのか，どんなふうに助けてやればよいのかと，とまどう保護者は多いでしょう。この本は，親と子どもがいっしょに読んで練習することで，親子間のコミュニケーションのドアを開いてくれます。

　保護者も先生も，練習を奨励し，練習できたらほめてあげてください。人間関係の新しい方法を学ぶには，毎日の練習，根気，そしてまわりからのはげましが必要です。

　子どもが努力して，この新しい方法を身につければ，子どもの自信も高まり，周囲との関係がきっとうまく行くようになるでしょう。

<u>こんなことを思っていないかな?</u>

●友だちがほしい

●新しい友だちを作るのがむずかしいときがある

●友だち関係を保つのがむずかしいときがある

●なにを言ったらよいのかわからないときがある

●みんなの話を聞くのがむずかしいときがある

●友だちの会話についていけないときがある

●友だちの言っていることの意味がわからないことがある

そんなとき, 助けてくれるのが
《 かんたんに楽しくおぼえられる 》
《 ソーシャルスキルのルール 》

●ルールの使い方

・自分の状況に合ったルールを使おう。

・ルールの内容をよく見て, 自分に必要なルールを選ぼう。

・ルールをコピーして, 部屋にはったり, 学校のノートにはりつけたり, いつも持ち歩いたりして, いつでも思い出せるようにしよう。

・ルールの中の, 自分に一番役立つと思う部分に蛍光ペンで印をつけたり, 線を引いたりしておこう。

・ページの最後の「**わすれないで!**」を見ただけで, ルールを思い出せるようにしよう。

・毎日, 家や学校や近所で, ルールを使おう。

・お母さん, お父さんや友だちとルールを練習しよう。

> ルールの説明に「友だち」と書いてあるときは, とくに親しい友だちだけでなく, 学校や近所の子のことも意味しています。

目　次

第2章　友だち ₂₉

第3章　学校 ₄₉

第4章　いじめ　63

第5章　気持ち　77

第6章　ボディランゲージ　93

第7章　マナー　105

第**1**章

話すことと
聞くこと

親しみのあるあいさつをしよう

相手にやさしくしたり，親切にしたりするために，あいさつをしよう。きみの友だちもあいさつをしているよ。

友だちや知っている人に出会ったら・・・

相手の顔を見よう。

にっこりしたり，ほほえんだりしよう（会えてうれしいという気持ちを見せるためだよ）。

「こんにちは」と言おう。

相手も「こんにちは」と言うよ。

もしきみが，相手の顔を見なかったり，あいさつをしなかったりしたら，どう思われるだろう？

＊友だちになりたくないんだと思われるよ。　　＊その人のことを怒っていると思われるよ。

＊きげんが悪いと思われるよ。

友だちが「こんにちは」と言ってくれたら・・・

＊あいさつを返そう。

＊にっこりわらったり，ほほえんだりしながら「こんにちは」と言おう。

「元気？」と友だちが聞いてくれたら・・・

＊相手にも「元気？」と聞こう。　　＊「まあまあだよ，きみはどう？」と言おう。

そこをはなれるときは・・・

「またね」とか「バイバイ」と言おう。

そこをはなれよう。

そこをはなれないで，友だちと話し続けてもいいんだよ。

学校のろうかでは・・・

友だちがいるかどうか見てみよう。友だちがあいさつをしてくれたら，にっこりしたり，ほほえんだり，うなずいたりしよう。

あいさつをしない子には，あいさつをしなくてもいいんだ。

大人に「元気？」と聞かれたら・・・

相手の顔を見よう。

「ありがとうございます。元気です」と，ていねいに言おう。

「ていねいに言う」というのは，尊敬の気持ちを込めたやさしい声で言うことだよ。

わすれないで！ あいさつには親しみを込めて！

12

ルール 2 あいさつのあと、ちょっとおしゃべりしてみよう

> なにを言えばいいかわかれば、友だちや家族とおしゃべりするのはかんたんだよ。

おしゃべりってなに？

おしゃべりというのは、毎日の生活のことなんかをちょっと話すことだよ。

こんなふうに、あいさつから始めてみよう。

＊こんにちは。

＊元気？

＊なにしてるの？

よく知らない相手ならここまでで、おしゃべりをやめよう。

よく知っている相手なら、話し続けてもいいんだよ。

でも、どんなことを話せばいいんだろう？

おしゃべりしてみよう。

相手についてこんなふうに、ちょっと聞いてみるんだ。

＊最近どう？

＊今どんなことをしてるの？

＊学校はどう？

＊なにかスポーツしてる？

＊最近おもしろいコンピュータゲームした？

＊なにかおもしろい映画見た？

こんなふうにおしゃべりを終えよう。

「そうか、じゃあまたね。バイバイ。」

わすれないで！ おしゃべりするときは、ちょっと質問をして、ちょっと自分の考えを言おう！

3 かわりばんこに話そう

自分ばっかり話して，相手に話させないのはよくないんだ。まずきみが話したら，次は友だちが話す番だ。それからまたきみが話して，その次はまた友だちが話す番……というふうに，かわりばんこに話をしよう。

かわりばんこに話そう。（もう知ってるよね！）

自分だけが話すのは，かわりばんこじゃないよ。

なにも話さないのも，かわりばんこじゃないね。

キャッチボールみたいに話してみよう。

まずきみが友だちにボールを投げる（会話を始める）。

友だちがボールを投げ返す（返事をする）。

またきみが投げる（会話を続ける）。

ボールが地面に落ちる（なんて言ったのかわからなかったとき。「なんて言ったの？」）

こんなふうに，かわりばんこにボールを投げ続けよう（かわりばんこに話しながら，いい感じで会話を続けよう）。

でも，集中できなかったり，少し考える時間がほしかったりするときはどうすればいい？

かわりばんこに話すのをやめたのではないこと，これから答えるつもりなんだということを，友だちに伝えよう。

ボールを地面に置いてキャッチボールをやめたんだと思われないように，こんなふうに言ってみよう。

＊ちょっと考えさせて。　　＊なんて言ったの？

＊う～ん……　　　　　　＊どうだろうね。

わからないときは聞こう。

友だちの言ったことがわからなかったり，自分の言ったことが友だちにわからなかったりしたときは，こんなふうに聞けばいいんだよ。

＊なんて言ったの？

＊なんだっけ？

＊＿＿＿＿＿＿＿って言ったの？

かわりばんこに話すときは，相手の言ったことにこんなふうに反応しよう。

＊へえ！　　＊すごいね。　　＊かっこいい！　　＊ほんとだね！

わすれないで！ みんなかわりばんこに話そうよ。キャッチボールを続けよう！

ルール 4 聞き手にも，話し手にもなろう

> 会話をするときは，聞いたり話したりしよう。聞き手になったり，話し手になったりするんだ。

会話では，こんなふうに，だれかがなにかについて言ったり聞いたりするんだよ。

* ＊_____に行ったことある？
* ＊_____好き？
* ＊きのう，_____に行ったんだよ。
* ＊ねえねえ，聞いてよ！_____
* ＊_____のことを考えてたんだ。
* ＊週末どうだった？　なにしたの？

聞き手は相手の言ったことに興味があることを表すために，いろいろな反応や質問をしながら，会話を続けていくんだ。こんなふうにね。

* ＊うなずく（これも声に出さない反応だよ）。
* ＊すごいね！
* ＊そうなんだ？
* ＊_____したの？
* ＊それから？

話し手は，自分が話し終わったら聞き手に質問をしよう。そうすると，今度は聞き手が話し手になるんだ。

　たとえばこんなふうに。

　　話し手「週末はなにをしたの？」

　　聞き手「遊んだよ。きみはなにをしたの？」

　同じ質問を返してもらわないと，聞き手は自分が無視されたと思ってしまうよ。別のことを聞くのではなくて，相手に聞かれたのと同じことを聞いてみよう。

　そのあとで，ほかの質問をしたり，自分の考えを言ったりすればいいんだ。

　キャッチボールみたいに，会話が行ったり来たりするように話すんだよ。

わすれないで！ 聞き手が話し手になったり，話し手が聞き手になったりするんだよ！

15

5 話をするとき，王様にならないようにしよう

> 王様のように，相手のことを考えないで自分ばかり話していると，聞き手はうんざりして，あっちへ行ってしまったり，きみのことを悪く思うようになったりするかもしれないよ。

聞き手の顔を見ながら話せば，こんなことがわかるよ。
 ＊聞き手がきみの話に興味を持っているかどうか。
 ＊聞き手がきみの話をわかっているかどうか。

聞き手の顔を見よう。きみの話に興味を持ったときは，相手はこんなことをしてくれるよ。
 ＊うなずいてくれる。
 ＊話の合間に，あいづちを打ったり，自分の考えを言ったりしてくれる。
 ＊話の合間に，そのことについて質問してくれる。

自分の話を理解してもらえているかどうか，注意しながら話そう。よくわかっていないようなら，こんなふうに聞いてみよう。
 ＊「今言ったこと，わかる？」
 ＊「もう一度，言おうか？」
 ＊「今の聞こえた？」

ときどき話すのをちょっとやめると・・・
 聞き手が質問したり，「へえ，そうなんだ。うん，すごいね」とあいづちを打ってくれるよ。

聞き手が退屈しているみたい（そわそわしたり，あっちを向いたり）だったらどうしよう？
 その話をするのをやめよう！
 聞き手に，今話していることについて質問してみよう（今度は聞き手が話し手になる番だよ）。

もしきみがひとりで休まずにずっと話し続けたら・・・
 それは会話とは言えないよ。
 それはひとり芝居（ひとりごと）だよ。

ひとりだけが話し続けるのはよくないよ。
 ３つか４つの文を言ったら，今度は，言ったことについて聞き手にたずねてみよう。

わすれないで！ 話し手はときどき話をやめて，聞き手の気持ちを考えよう！

ルール 6 相手の話をちゃんと聞こう

> よい聞き手になれば，友だちはもっと話してくれるよ。

聞き手になったら，話し手の話をよく聞こう。

聞き手は，相手の話に興味を示そう。

聞き手は，相手の話している内容についてなにか言おう。

聞き手は，相手の話している内容について質問をしよう。

聞き手は，話し手の顔を見ながら，こう言おう。

＊そうか。

＊かっこいい！

＊すごい！

＊へぇ！

＊うんうん。

＊それからどうなったの？

自分が聞き手になったら，うなずこう。

ちゃんと聞いているということが相手にわかるように，うなずこう。

相手の言っていることがわかってるよ，と伝えるために，うなずこう。

自分が聞き手になったら，ちゃんと反応しよう。

相手の話のとちゅうで，ほかのことを聞いたりしないようにしよう。今は，相手が話す番だから，きみが，ほかのことを話したくなってもがまんしよう。だまっていると，話し手はきみが興味ないのかと思って，話をやめてしまうよ。

わからないことやもっと知りたいことがあれば，こんなふうに聞いてみよう。

＊どういう意味？

＊もう一度言ってくれる？

話し手が話し終わったかどうかは，どうすればわかるの？

相手が「……なんだって」と言ったり，話をやめたりしたら，その話が終わったということなんだ。

わすれないで！ 話し手の顔を見たり，うなずいたり，質問したり，興味があることを示したり，意見を言ったりすれば，会話が続くよ！

7 自分の考えとちがっていても, 友だちの答えを受け入れよう

> 友だちの答えを聞いたら, そのまま受け入れよう。友だちにも自分の考えや意見があるんだよ。

友だちに質問したら・・・

　友だちが答えるのを待とう。

　友だちが答えてくれたら, こうしよう。

　＊「そうか！」と言う。

　＊「いいね！」と言う。

　＊「すてきだね」と言う。

　＊うなずく。

こんなことは言わないようにしよう。

　＊どうしてきみに, そんなことがわかるの？

　＊なぜそう思うの？

　＊きみ, まちがっているよ！

　＊ほら, わたしの言ったとおりでしょ。

こんなふうに言ってもだいじょうぶ。

　＊そうだね, ぼくもそう思うよ。

　＊あなたは, ＿＿＿＿＿＿＿が一番いいと思うのね？　でも, わたしは＿＿＿＿＿＿＿がいいな。

　＊そうか, ぼくはそう思わないけど, きみの言うこともわかるよ。

わすれないで！ 友だちの考えに反対でもだいじょうぶ。みんなが自分と同じ考えでなくてもいいんだ！

ルール 8
同じ話題を続けたり，話題を変えたりできるようになろう

> 会話をしているとき，同じ話題が続くこともあるし，話題が変わることもあるよ。

友だちが話していることをよく聞こう。

　たとえば，こんなことについて話しているかもしれないね。

　映画，スポーツ，音楽，好きなこと，気持ち悪いもの，じょうだん，学校，もんく，家族，事件，週末，食べ物，コンピュータゲーム，テレビ，今起きていること（見たり聞いたりしていることや，においいや感じについて）

友だちの話に，こんなふうに反応しよう。

　＊わらう。

　＊そのことについて質問して，話題を続ける。

　＊同じことをしたときのことを話す（「ぼくもしたことあるよ。おもしろかったよ！」）。

話し手がそのことについて質問したら，こんなふうに答えよう。

　＊その質問に答えよう。

　＊みんながそのことについて話すまで，話題を変えないようにしよう。

　＊考える時間が必要なら，

　・「う～ん」と言ったり，上を見たりして，質問について考えているんだということを表せばいいよ。

　・3秒たってもまだなにを言ったらいいかわからないときは，「よくわからないよ」と言おう。

　・ずっと答えないで，相手をじっと見ていると，いやがられるよ。

話題を変えるときは，こんなふうに言おう。

　＊「そうそう，それで思い出したんだけど……」

　＊「ちがう話だけど……」

　＊「ちょっと思いついたんだけど……」

　＊「そうそう，わたしもやったことあるわ。でも，別のときにね……」

なぜ話題を変えたのかを，聞き手にちゃんと知らせよう。

　とつぜんほかのことを話し出すと，聞き手がこまってしまうよ。急に，なんの関係もないのに，虫の話を始めたら，聞いている人はへんに思うよ。

　新しい話題と古い話題を結びつけて話そう。「きみが公園のことを話すのを聞いていたら，虫のことを思い出したんだ」というふうに説明すればいいね。

わすれないで！ 相手の話を聞いたり，意見を言ったりしよう。話題を変えるときは，自分の考えを言ったり，説明したりしよう！

9 自分の好きなことばかり
話さないようにしよう

いろいろなことについて話そう。友だちと話すことを3つ決めて，それをおぼえよう。
その3つのことについてもう話してしまったら，あと3つおぼえよう。
いつも同じことばかり話していると，どんなことになるかな？

同じことばかり話すと，友だちがたいくつするよ。

友だちもそのことを話さないといけないんだよ。
友だちもそのことに興味を持たないといけないんだ。

なにを話したらいいかわからないときは，友だちの話を聞いて，そのことについて自分の考えを言えばいいんだよ。

きみの話にみんながものすごく興味を示して，聞きながらきみをわらっていたら，それはいい話題ではないかもしれないよ。

こんなふうに新しいことについて話し始めたり，質問したりしよう。

1　わたしは動物が好きなの。
　＊あなたはどの動物が好き？
　＊動物園に行ったことある？
　＊ペットはいる？

2　週末にはなにをするのが好き？
　＊ぼくは＿＿＿＿＿＿をするんだ。
　＊きみは＿＿＿＿＿に行くのが好き？

3　＿＿＿＿＿っていう映画見た？
　＊すごくおかしかったね。
　＊きみはどんな映画が好き？
　　その映画のどこがおもしろかった？

4　どんなことをするのが好き？
　わたしは＿＿＿＿＿をするのが好きよ。あなたも好き？

5　ぼくはコンピュータゲームが大好き。
　＊一番好きなコンピュータゲームは＿＿＿＿＿だよ。
　＊きみの好きなコンピュータゲームはなに？

6　お気に入りのレストランはどこ？
　　＊メニューの中でなにが好き？
　　＊わたしの好きなレストランは＿＿＿＿＿＿よ。そこの＿＿＿＿＿＿がおいしいの。

7　好きな歌手は？
　　ぼくの好きな歌手は＿＿＿＿＿＿だよ。＿＿＿＿＿＿っていう曲が好きなんだ。

8　わたしは雑誌を読むのが好きなの。
　　あなたの好きな雑誌はなに？

9　きみはなにかスポーツをやってる？
　　＊ぼくは＿＿＿＿＿＿をしてるんだ。
　　＊ぼくはテレビでスポーツを見るのも好きだよ。
　　＊好きな野球チームはどこ？
　　＊＿＿＿＿＿＿はかっこいいよね。

10　テレビを見るの好き？
　　＿＿＿＿＿＿っていう番組を見るのが大好きだよ。きみも見たことある？
　　（相手が見たことがあるなら）この前の＿＿＿＿＿＿見た？
　　（相手が見たことがないなら）すごくおもしろいよ。

11　今の，見た？（そのときに起こっていることについて話す場合）
　　＊＿＿＿＿＿＿みたいだね。
　　＊＿＿＿＿＿＿だと思うよ。

12　学校のことを考えていたんだ。
　　＊うちの学校には＿＿＿＿＿＿があるよ。とってもかっこいいんだ。
　　＊学校で動物かってる？
　　＊先生はやさしい？

わすれないで！　同じことをずっと話し続けると，友だちは「もうやめて」と，あっちへ行ってしまうかもしれないよ！

10 大人と話すときと子どもと話すときでは，ちがうことを話そう

> 話す相手が友だちか，大人か，男の子か，女の子かで，話すことがちがうんだ。すごくややこしいけど，きっとわかるようになるよ。

友だちとは，きらくで楽しいことを話そう。
- ＊スポーツ　　　　　＊学校
- ＊テレビ　　　　　　＊映画
- ＊女の子のこと　　　＊男の子のこと
- ＊じょうだん　　　　＊学校のだれかのこと
- ＊洋服　　　　　　　＊雑誌
- ＊インターネット　　＊コンピュータゲーム

大人が子どもに聞くのは，まじめなことが多いよ。
- ＊スポーツや音楽について：「きみはまだ＿＿＿＿＿＿をやっているの?」
- ＊学校について：「学校はどう?」「今何年生?」「先生のこと好き?」

大人は，ほかのことも聞くかもしれない。
　大人に聞かれたら，ていねいな声で答えよう。
　大人とあいさつしたりおしゃべりしたりするときも，ていねいな声で話そう。
　大人がふざけたら，きみもふざけてもいいんだよ。
　ふざけるのがきらいな大人もいるよ。
　大人と話すときは，大人に先に話してもらおう。

男の子と女の子が話すときは，こんなことに注意しよう。
　へんな話をしたり，悪い言葉を使ったり，気持ち悪い音を出したりするのはよくないんだ。
　相手にあまり近づきすぎないようにしよう。
　さわったり押したりしないようにしよう。
　髪型や買い物の話は女の子として，気持ち悪い話は男の子としよう。
　親切な声と表情で話そう。

わすれないで！ 大人と話すときはていねいに，友だちと話すときは子どもの話題を選ぼう！

ルール 11

いつも「電車」のことばかり
話さないようにしよう

> 　いつも電車や＿＿＿＿＿＿＿＿のことばかり話していると，友だちはいやがるかもしれないよ。

電車や＿＿＿＿＿＿＿＿が好きな子はたくさんいるよ。
でも電車や＿＿＿＿＿＿＿＿が好きじゃない子もいるんだ。
友だちが電車や＿＿＿＿＿＿＿＿のことが好きかどうか聞いてから，話そう。

友だちが電車や＿＿＿＿＿＿＿＿のことをよく知らなかったら・・・
　いつも電車や＿＿＿＿＿＿＿＿のことを話すのはやめよう。
　電車や＿＿＿＿＿＿＿＿のことは，少しだけしか話さないようにしよう。

自分の好きなことについて話し始めたら，聞き手が興味を持っているかどうかを調べよう。
　＊聞き手がうなずいてくれるかどうか。
　＊聞き手が質問をしてくれるかどうか。
　＊聞き手が反応を示してくれるかどうか。

聞き手は，その話に興味がないとき・・・
　＊よそ見をする。
　＊反応を示さない。
　＊下を向いてしまう。
　＊質問をしない。
　＊退屈そうに見える。
　＊「もうやめて」と言う。

同じことを何度も話すのは，どこかにはさまってしまって前にもうしろにも進めないのと同じなんだ。そうなったら・・・
　その話をやめるときだよ。
　ほかのことについて話そう。

わすれないで！　電車や＿＿＿＿＿＿＿＿のこと以外のことも話そう！

12 相手の質問に答えよう

だれかに質問されたら，返事をしよう。返事をしないのは親切じゃないよ。

だれかになにかを聞かれたとき・・・

もしきみが返事をしなかったら，こんなふうに思われるかもしれないよ。

＊言ったことが聞こえなかったのかな？

＊無視されたのかな？

＊怒っているのかな？

聞こえなかったのかと思って，また同じ質問をしてくれるかもしれないね。

すぐに答えを思いつかなかったら，ちょっとの間，考えてもいいんだよ。

「ちょっと考えさせて」とか「えーっと」と言って，今考えているところだということを相手に教えよう。

＊こんなジェスチャーもいいね。

・手をほほに当てる

・上を見上げる

・首を少しかしげる

・まゆを少しひそめる

＊「そうだね……ぼくの好きなものはね……」と相手の質問をくり返すのもいい方法だね。

答えたくなかったら，どうすればいいだろう？

＊それでも，なにか答える

＊「わからないよ」と言う

質問に答えないでだまっていたら？

＊相手は，ばかばかしい質問をしたと思うかもしれないよ。

＊相手は，いやな気分になるかもしれない。

＊相手は，無視されたと思って，腹を立てたり，こまってしまったりするかもしれない。

質問してくれるのは，きみがどう思うかが知りたいし，答えてほしいからなんだよ。

答えがわかりきっていることなら，質問したりしないよ。

きみのじゃまをするために，質問するわけじゃないんだ。

わすれないで！ 相手の質問に答えるのは，親切なことなんだ！

ルール
13　質問しすぎないようにしよう

> 会話を始めるときは，質問をするのではなくて，自分の考えを言うのでもいいんだよ。

質問ばかりするのは，かっこよくないよ。
　質問ばかりされると，相手はイライラするかもしれないね。

　本当に答えてほしいときだけ，質問しよう。
　同じことばかり聞くのはよくないよ。

友だちに一度なにかを聞いて，答えてくれたら，その質問はもう終わりにしよう。
　もう答えはわかったね。
　友だちは，同じ質問ばかりされたくないよ。
　同じことばかり聞かれたら，友だちはイライラしたり，怒ってしまったりするかもしれないよ。

友だちの話をよく聞いて，そのことについて質問しよう。
　友だちの話を聞いて，それについてきみが思ったことを言うのは，友だちと仲よくするために大切なことなんだよ。
　友だちの話していることはなんだろう？
　友だちの話をよく聞こう。
　同じことばかり聞くのではなくて，友だちが話していることについて質問をしよう。

友だちになにかを聞かれたら・・・
　答えよう。
　友だちにも同じ質問をしてもいいね。
　友だちが話を始めて，きみに質問をしてくれたなら，友だちはきっときみの言うことに興味を持っているんだ。

わすれないで！ 同じ質問を何度もされると，友だちは怒ってしまうよ！

14 自分から会話を始めてみよう

> こんなふうに会話を始めれば，かんたんだよ。

質問をして会話を始めたり，話題を変えたりするのは，こんなふうにしよう。

きみ：「ねえ，＿＿＿＿＿＿くん（友だちの名前をよびかけよう）。」
（友だちがこっちを見るかどうか，待ってみよう。）

もし友だちがこっちを見なければ，もう少し大きい声で，「ねえ，＿＿＿＿＿＿くん」とよびかけよう。

きみ：「やあ」とか「なにしてるの？」と聞こう。

友だち：「やあ」と言うかもしれないね。

きみ：「あのさ，コンピュータゲームのことなんだけど，きみはどんなコンピュータゲームが好き？」

友だち：「ぼくはゲーム機でやるゲームが好きだな。」

きみ：「ゲーム機でどんなゲームするの？」とか，「ほかになにが好き？」と聞こう。

友だち：「テレビを見るのが好きだよ。」

きみ：「好きな番組は？」

友だち：「＿＿＿＿＿＿が好きなんだ。」

きみ：「週末はなにしてたの？」

友だち：「演劇部の練習に行ったよ。それから映画も見たんだ。」

きみ：「どんな映画？」
　　　「ぼくも週末に映画をレンタルしたよ。おもしろかったよ。」

（会話が終わったら）
きみ：「じゃあ，またね！　バイバイ。」

わすれないで！ 会話を始める練習をしよう。きっとできるよ！

話のポイントに気をつけよう

> どんな話にもポイントがあるよ。話のポイントに集中しよう。

話の大切な部分をくわしく説明しよう。ポイントに集中するといいよ。

　そうすれば聞き手はきみの話がよくわかって，質問したり，自分の意見を言ったりできるんだ。

話し方のよくない例：

　「この前，タホ湖に行ったんだ。行きの道路にね，あなが開いてんだ。大きいあなじゃなかったけど，けっこう深くて，いや，そんなには深くないけど，だいたいこのくらいの大きさで，でもそれほど大きいというわけではなくって，60cm くらいの深さだったかな，いや，そんなに深くなかったかも。えーっと……」

そんなのたいくつだし，うんざりしちゃうよ。

　聞き手はわけがわからなくて，道路のあなのことなんかどうでもいいと思うよ。

　友だちは，タホ旅行でおもしろかったことを，聞きたいんだ。

　だから，タホ湖でなにをしたかを話そう。

話のポイントがはっきりしていないと，聞き手がわからなくなってしまうよ。

　聞き続けるのがたいへんだよ。

　話の筋がわからなくなってしまうよ。

　話のポイントはなにか，まず考えよう。そして，あんまり細かいことを話し始めてしまったら，ポイントに話をもどそう。なんの話をしていたのか自分でもわからなくなってしまったら，「なにが言いたかったのかわすれちゃったよ」と友だちに言えばいいんだ。ポイントを新しく作って，友だちがきみの話への興味をなくす前に，そのことを話すのもいいね。友だちが質問したり，ほかの話題に変えたりできるように，ときどき話をやめて，ようすを見よう。

ポイントに気をつけないで話していると，聞き手はこんなことをするかもしれないよ。

　＊きみがひとりごとを言っていると思う　　＊もじもじする

　＊足をグラグラ動かす　　　　　　　　　　＊うで時計を見る

　＊まわりを見回す　　　　　　　　　　　　＊きみをじっと見つめる

　＊うなずかなくなる　　　　　　　　　　　＊あっちへ行ってしまう

だらだらと話し続けないようにしよう。

　どのくらい話したら，相手の話す番？

　３つか４つの文を続けて話したら，話しやめよう。

　＊相手が反応できるように。　　＊相手が質問できるように。

　＊相手が「そうか」「ふーん」「いいね」と言えるように。

わすれないで！ 　人と話すときは，話のポイントに気をつけよう。

16 ひとりごとは人前で言わないようにしよう

人のいるところで、大きな声でひとりごとを言うと、へんに思われるよ。ひとりごとは、ひとりでいるときに言うといいよ。

どうしてひとりごとを言うんだろう？

考えたり、考えをまとめたりするためにひとりごとを言う人がいるよ。

気持ちを落ちつかせるためや、ゆったりした気分になるために、ひとりごとを言う人もいる。

ひとりごとを言うのが楽しいし、刺激になるという人もいる。

ひとりごとを言いながら、歩き回る人もいるね。

だれかと話しているわけではないのに、人前で、大声でひとりごとを言うのは、かっこわるいよ。

「わたしに話してるの？」って聞かれるかもしれないよ。

そのときは、「ごめんごめん。ひとりごとだったんだ」と答えればいいよ。

自分がひとりごとを言っているのに気がついたら、口を閉じて、頭の中で考えればいいんだ。

ひとりで部屋にいるときに、頭の中でひとりごとを言ってみよう。

声を出さずに、頭の中で、言いたいことを考えよう。

「止まれ」の標識やレンガのかべを思いうかべて、ひとりごとを言うのをストップしてみよう。

ひとりごとをやめるためには、こんな方法もあるよ。

＊自分の部屋や家の中にいるときだけ、ひとりごとを言うようにする。

＊家にいるときに、声を出して考えをまとめて、それを紙に書いておく。

＊日記に自分の考えたことを書く。

＊人との間に起こるいろいろな問題を小さなステップに分けて考えて、解決する計画を立てておく。

＊なにが起きたか、順番に考える。

まず、_____が起きて、次に、_____になって、それから、_____が起こって、最後に、_____になった。

＊どんなことをして、なにを言ったらいいのか、前もって考えておく。

＊家族や友だちといっしょに、問題を解決する方法を考えてみる。

人といっしょのときは・・・

ひとりごとを大声で言わないようにする。

ひとりごとを言っているのに気づいたら、ストップしよう。ひとりごとは家に帰って言えばいいね。

わすれないで！ 考えをまとめたり、自分を落ちつかせたりするために、ひとりでいるときにひとりごとを言ってもいいんだ。学校や人前ではひとりごとを言わないようにしよう！

第2章

友だち

17 友だちはこうして作ろう

こんなふうにすれば，友だちを作るのが楽しくなるよ。

自己紹介をしよう。

「こんにちは。ぼく・わたしの名前は＿＿＿＿＿＿だよ。」

「きみの名前はなに？」

「どの学校に行ってるの？」

「いっしょに遊ぼうよ。」

もし「いやだよ」と言われたら・・・

「じゃあ，いいよ」と言おう。
だれかといっしょに遊んだり，しゃべったりしたくない子もいることを，わすれないでね。
悲しい気持ちになることはないよ。
ほかの子をさそえばいいんだ。

もし「いいよ」と言われたら・・・

＊「オッケー」と言おう。
＊なにをしたいか聞いてみよう。
＊なにをするか，きみの考えをいくつか言おう。

みんながおにごっこや，ジャングルジムや，ごっこ遊びをしていたら，こんなふうにして仲間に入ろう。

＊みんなと同じことをしよう。
＊みんなといっしょにわらおう。
＊みんなのしていることについて，なにか言ってみよう。

みんながすわってしゃべっていたら，こんなふうにして仲間に入ろう。

いっしょにすわってもいいか，聞いてみよう。
あとでいっしょに遊ぼうと，さそってみよう。

わすれないで！ まず自己紹介をして，いっしょに遊ぼうとさそって，新しい友だちを作ろう。

ルール 18 友だちになってくれそうな人を選ぼう

仲よしグループだけでかたまっている子もいるし，自分のグループの子としかしゃべりたくない子もいるかもしれないね。ほかの子を仲間に入れてくれないこともあるだろう。グループや，ひとりでいる子に話しかけるときは，こんなふうにしよう。

グループに入れてもらえるのは，どんなとき？
　＊グループのだれかが，きみに向かって，「入ってもいいよ」とうなずいたり，わらいかけたりしてくれたら，仲間に入ろう。
　＊グループの何人かの子が「入ってもいいよ」と言ってくれたら，入ろう。
　＊グループの子たちがきみを会話に入れてくれたら，グループに入ろう。
　グループのだれかが，親切じゃなかったり，きみのことをからかうようなら，別のところへ行こう。

だれかに話しかけたいときは，ひとりでいる子を見つけて話しかけてみよう。

こんなときは，相手がきみと話したいときだよ。
　＊きみの方を見てくれる。
　＊きみの聞いたことに答えてくれて，きみにも質問をしてくれる。
　＊話を聞いてくれて，うなずいたり，にっこりわらったりしてくれる。

相手がこんなことをするときは，話したくないときだよ。
　＊答えてくれない　　　＊あっちを向く　　　　　　　＊無視する
　＊きょろきょろする　　＊ほかの子の方を見る　　　　＊話そうとしない
　＊下を向く　　　　　　＊「もう行かなくちゃ」と言う　＊あっちへ行ってしまう

どうしてきみと話したくないのだろう？
　＊きげんが悪い日だから。
　＊そういう気分じゃないから。
　＊新しい友だちがほしくないから。

相手が話したり遊んだりしたくないときは・・・
　＊相手の気持ちを受け入れよう。
　＊別のところへ行こう。
　＊ほかのだれかを見つけよう。

わすれないで！ きっと，きみと友だちになりたい子が見つかるよ！

19 相手についていろいろ聞いてみよう

> だれかと話したいときは，相手が好きなことやきらいなこと，自分と共通していることなどについて，聞いてみよう。

相手のことを知りたいときは，３つの質問をおぼえておいて，聞いてみよう。

同じ質問を何度もくり返すのはよくないよ。

自分の答えも言ってみよう。

次の質問リストから３つ選んでおぼえよう。

＊どこの学校？

＊何年生なの？

＊夏休みはどこに行くの？

＊ペットをかってる？

＊きょうだいはいる？

＊好きな番組はなに？

＊好きな映画はなに？

＊好きな食べ物はなに？

＊好きなおにぎりの具は？

＊好きなピザのトッピングは？

＊アイスクリームは，なに味が好き？

＊この週末は，なにをする予定？

＊週末には，なにをするのが好きなの？

＊趣味は？

＊好きなおもちゃは？

＊パソコンでなにをするのが好き？

＊好きなレストランは？

＊好きな科目は？

＊好きな動物は？

＊きみの親友はだれ？

＊どんなおかしが好き？

＊好きなマンガは？

＊なにをして遊ぶのが好き？

＊どんなコンピュータゲームが好き？

わすれないで！ 友だちになりたい子に質問すれば，その子と自分の同じ部分が発見できるよ！

ルール 20 歩み寄ろう

友だちと仲よくするために，歩み寄らなくてはならないときがあるんだ。「歩み寄る」というのは，解決の方法をいっしょに選んだり決めたりすることだよ。

きみのしたいことと，友だちのしたいことがちがっていたら・・・

歩み寄ればいいんだ。

たとえば，

● はじめに友だちの好きなコンピュータゲームをして，それからきみの好きなコンピュータゲームをしよう。

● どっちがやることを選ぶか，じゃんけんで決めよう。

きみはお昼休みに外で遊びたいのに，友だちは教室ですわっていたいって言うんだ。

きみは，遊びたいのをがまんして，友だちといっしょに教室にいるべきかな？

ううん，そうじゃないよ。

きみは，友だちをおいて，自分だけ外に遊びにいくべきかな？

ううん，それもよくないよ。

かわりに，話し合ってこんなふうに歩み寄ろう。

＊「それじゃあ，少しの間教室でおしゃべりして，それから外に出て遊ぼうよ。」

＊「今日はぼくが決めて，明日はきみが決めるのはどう？」

＊今日は別々のことをして，次のときにいっしょになにかをするのもいいだろう。

＊2人とも気に入るような，別のアイデアを考えるのもいいね。

わすれないで！ かわりばんこに選んだり，歩み寄ったりすれば，友だちができるよ！

21 意見が合わないときは，「交換条件」を出したり，「交渉」したりしよう

> 友だちと意見が合わないときでも，解決することができるよ。そうすればずっと友だちでいられるね。そのために，「交換条件」を出したり，「交渉」したりしてみよう。

●交換条件：相手の出した条件を受け入れるかわりとして出す条件。
●交渉：自分の意見が通るように，相手と話し合うこと。

「交換条件」を出したり「交渉」したりしてもいい相手

　友だちや，きみのお父さん，お母さん

「交換条件」を出したり「交渉」したりしてはいけない相手

　先生
　校長先生

友だちと意見が合わなかったらどうすればいい？

　「交換条件」を出したり，交渉したり，歩み寄ったり，意見が合わないことをおたがいにみとめ合ったりしよう。

1　理由を言おう。

　「だって，その方がすごくおもしろいと思うよ。」

2　解決の方法を提案しよう。

　「今回はきみのやりたいことをして，この次は，ぼくのしたいことをしようよ。」

3　友だちの理由と提案をちゃんと聞こう。

4　それでも友だちが「いやだ」と言ったら？
　腹を立ててはだめ！
　自分の考えを何度もくり返して言ってはだめ！

5　かわりに，まったく別の計画を立ててみよう。

6　最後まで意見が合わなかったら？
　＊まったくちがう解決の方法を２人で考えてみよう。
　「それじゃあ，ぜんぜんちがうことをしようよ。＿＿＿＿＿＿はどう？」

わすれないで！ 解決の方法が見つかるように話し合えば，友だち同士でいられるよ！

ルール 22 どんな友だちがよい友だちか, わすれないようにしよう

> 一人ひとりの友だちについて考えてみよう。

次の文を読んで, だれが, なにを, いつ, どこで, どうして, どんなふうにしたか, 答えてみよう。

● ぼく・わたしはその友だちを助けたことがある。

● ぼく・わたしはその友だちとおしゃべりしたり, いっしょになにかを使ったりできる。

● ぼく・わたしはその友だちが好きなものやきらいなものを知っている。

● ぼく・わたしはその友だちの気持ちを考える。

● ぼく・わたしはその友だちを信頼している。

● ぼく・わたしはその友だちといっしょに遊んだり, おしゃべりしたりする。

● ぼく・わたしはその友だちの話をちゃんと聞く。

● ぼく・わたしはその友だちを悲しませたり, 怒らせたりしないようにする。

● ぼく・わたしはその友だちにあやまったり, 仲直りしたりできる。

● ぼく・わたしはその友だちといっしょにいるのが楽しい。

こんなことができたら, きみは, その子のよい友だちだよ。
こんなことができる友だちは, きみのよい友だちだ。

> **わすれないで！** 友だちにどんなことをすればいいかを考えて, よい友だちになろう！

23 友だちの気持ちを考えてみよう

> 友だちはきみと感じ方がちがうかもしれないし，きみのすることを理解してくれないかもしれない。そんなときは，友だちに自分の気持ちを言ったり，友だちの気持ちを聞いたりして，おたがいにわかり合えるようにしよう。

みんながきみと同じように感じたり考えたりするとはかぎらないよ。

　きみの行動は，きみが友だちにどう思われるかに関係あるんだ。

　だから，自分の行動についてよく考えよう。

例１：友だちの家に遊びに行ったとき，きみは友だちになにも言わないで帰ってしまった。

　●友だちはどう感じるだろう？

　　＊腹が立つ　　＊わけがわからない

　●友だちは，きみがなぜなにも言わないで帰ってしまったと思うだろう？

　　きみが怒ったからだと思うかもしれない。

この次は，こうしよう。

　＊別のことがしたくなったら，友だちにそう言おう。

　＊腹が立ったら，友だちにそう言おう。

　＊部屋から出るときは，「ちょっと待っててね」と友だちに言おう。

　＊なにをしようとしているか，友だちに言おう。

　＊なにがほしいのか，友だちに言おう。

　＊どんな気持ちなのか，友だちに言おう。

例２：きみは教室でうるさい音を立てた。

　●ほかの子たちはどう感じるだろう？

　　＊うるさい　　＊腹が立つ　　＊イライラする　　＊じゃまされた　　＊気が散る

　友だちは「なにしてるの，やめてよ，イライラするよ」って思うかもしれないよ。

なぜ友だちがイライラするのか，考えてみよう。

　友だちが怒っているのに理由を教えてくれないときは，自分がなにをしたのか考えてみよう。そして，それを変えればいいんだ。

　自分が言ったことやしたことを，友だちが気に入らなかったかどうか，考えてみよう。

　もし友だちのいやがることを言ったり，したりしたのなら，それを直せばいいんだ。

　自分のしたことを変えたくなければ，なぜそんなことをしたのか，なぜ変えるのがいやなのかを友だちに説明しよう。

わすれないで！　きみの行動で，友だちができるかどうかが決まるよ！

ルール 24 友だちと意見が合わなくても解決しよう

> 　友だちのことで腹が立ったら，どうすればいいだろう？　こんなふうにして解決しよう。

「ぼく・わたし」メッセージを言おう。

　「ぼく・わたしは，きみが＿＿＿＿＿＿をしたから怒っているんだ。」

　例：「ぼくがいじわるをしたってきみが言ったから，怒っているんだよ。」

どうしたいのかを言おう。

　「この次は，＿＿＿＿＿＿してほしい。」

　例：「この次は，『いじわるしないで』と言ってくれればやめるよ。」
　約束したら，そのとおりにしよう。

友だちといっしょに問題を解決しよう。

　自分のしたいことを友だちに言おう。
　友だちのしたいこともきちんと聞こう。

友だちがあやまったら，こんなふうにして受け入れよう。

　＊うなずこう。
　＊「だいじょうだよ」とか「あやまってくれてありがとう」と言おう。

友だちがきみのことで腹を立てたら，こんなふうに言ったり，したりしよう。

　「なにを怒っているの」と聞こう。
　友だちの言うことをちゃんと聞こう。
　きみにどうしてほしいのか，友だちに聞こう。
　「そうするよ」と言おう。
　あやまろう。
　友だちを怒らせたことは，もうしないようにしようね。

わすれないで！ 友だちはけんかしたり，仲直りしたりして，もっといい友だちになれるんだ！

25 いやなことには 「いや」と言えるようになろう

> 友だちやグループの子たちが，きみにまちがったことや，規則違反(きそくいはん)なことや，体によくないことを無理(むり)やりさせようとするのを，「友だちの圧力(あつりょく)」と言うんだ。
> 「ドラッグを使え」「酒を飲め」「だれかとけんかをしろ」みたいに，きみやだれかのためによくないことをさせられそうになったら，どうすればいいだろう？ 友だちでいたいけど，したくないことを無理(むり)やりさせられそうになったら，どうすればいいんだろう？

したくないことをするように友だちに言われたら，「いやだ」と言おう。

はっきり強い声で，「いやだ，したくない」と言おう。

大声を出したりさけんだりする必要(ひつよう)はないよ。

でも，しつこく何度も，するように言われたら，声を大きくして，はっきり言おう。

友だちやほかの子がしていても，きみは「いやだ，したくない」と言おう。

腹(はら)が立っても，気持ちをしっかり持って，したくないことはしないようにしよう。

言うとおりにしなければ友だちが怒(おこ)るかもしれないと，心配になるかもしれない。

友だちがしているのを見て，腹(はら)が立つかもしれない。

でもきみは自分で正しい決心をするんだ。

友だちが悪い決心をしても，きみはちがうんだ。

きみは友だちの悪い決心をまねしないよ。

正しい決心の例(れい)：

友だちが「あいつをぶちのめしてやろうぜ！」と言ったら，「いやだ，やりたくない」と言おう。

すると，友だちは「いいじゃないか，やろうぜ！」と言うかもしれない。

きみは，「いやだと言ったらいやだ。ほかのことをしようよ」と言おう。

しっかりした落ちついた声で言おう。

それでも，友だちはまだしつこく言って，やらせようとするかもしれない。

友だちは「なんだ，いくじなしだな」と言うかもしれない。

きみは，「いやだ。本当にしたくないんだ」と言おう。

友だちはそれでもやめないかもしれない。

友だちは「それじゃあ，ぼくだけやるよ」と言うかもしれない。

きみは，自分の気持ちを，落ちついたしっかりした声で言おう。

＊「それでも，ぼくはしたくない。」 ＊「いいことじゃないよ。」 ＊「あっちへ行くよ。」

きみが，しっかりした強い声で言えば，友だちはきみがしたくないということがわかるだろう。

きみがあっちへ行き始めたら，友だちもあきらめて，ほかのことをしようと言うかもしれないよ。

わすれないで！ 自分のために正しい決心をするのは，自分の責任(せきにん)だよ！

ルール 26 友だちを家によぶときは，前もって計画を立てよう

> 友だちといっしょに遊ぶのは楽しいね。友だちを家によぶときは前もって計画を立てよう。

友だちを家によぶときは，こんな段取りでさそおう。
　まず，友だちをよぶためにはなにをどんな順番でするといいか，段取りを考えよう。
　友だちをさそう計画を立てよう。
　前もって計画を立ててから，「家に来ない？」とさそってみよう。
　学校でさそってもいいし，電話やメールでさそってもいいね。

こんなふうに言ってみよう。
　「こんどの週末に，うちに遊びに来ない？」
　「親に聞いて，いいって言ったら電話するね。」
　「電話番号，教えて。」

いつ友だちをよんだらいいか，お母さんやお父さんにたずねよう。
　お母さんやお父さんにカレンダーを見てもらって，都合のいい日と時間を教えてもらおう。
　友だちにその日と時間を伝えよう。
　友だちはその日にきみの家に遊びに行ってもいいか，お母さんやお父さんにたずねるだろう。
　きみのお母さんやお父さんが，友だちのお母さんやお父さんに電話して，計画を立ててくれるかもしれないね。

計画が決まったら・・・
　友だちが遊びに来る日の数日前に，友だちに電話かメールをして，思い出してもらおう。
　思い出させるのは，親切なことだよ。

計画を立てないと・・・
　友だちが遊びに来られないよ。
　友だちがほかの計画を立ててしまうかもしれないよ。

今度の日曜日だね！楽しみにしてるよ！

わすれないで！ 友だちを家によぶときは，前もって計画を立てよう！

27 友だちが家に遊びに来たら，ルールを守ろう

友だちが遊びに来てくれたら，自分も友だちも楽しめるようにしよう。ルールを守れば，なにをしたらいいかがかんたんにわかるよ。

友だちが来たら，玄関で出むかえて「いらっしゃい！」と言おう。

なにをして遊ぶかをいっしょに決めよう。

友だちをきみの部屋に案内して，なにをするかを決めよう。

コンピュータゲームや遊びの道具を見せて，なにをするかいっしょに考えよう（コンピュータゲーム，パズル，トランプ，ごっこ遊び，自分で考えた遊びなど）。

初めて遊びに来てくれた友だちなら，友だちにしたいことを選ばせてあげよう。

友だちが自分で選びたくなければ，選ぶ手伝いをしよう。

たくさんある中から，3つ選んで提案しよう。

3つの中から，友だちに選んでもらおう。

それでも選べなければ，まずきみが選んで，次に友だちに選んでもらおう。

友だちと交代で，することを決めよう。

友だちが選んだ遊びをするときは，腹を立てないようにしよう。

友だちがしたいことをいっしょにできれば，きみは，よいもてなし役になれるよ。

どんな遊びでも，楽しみながらしよう。負けても怒らないようにしよう。

もし腹が立ったりくやしくなったりしたら，遊ぶのを少しやめて，ルールをもう一度話し合おう。

友だちにおやつを出そう（まずお母さんやお父さんに聞いてからね）。

友だちに食べたいおやつを選ばせてあげよう。

友だちが来ているときは，ひとりでテレビを見たり本を読んだりしないこと。テレビを見るのなら，友だちといっしょに見よう。

友だちはきみといっしょに遊ぶために，来てくれたんだよ。

きみがひとりで遊んでいると，友だちはどうしたらいいかわからなくなるよ。

コンピュータゲームをするときは，順番にしよう。

まず友だちにプレイさせてあげよう。

「うまいね。いいぞ！」と言って，友だちをほめよう。

友だちが帰る時間になったら，玄関まで送って行って，「さよなら」と言おう。

友だちに帰ってほしくなくても，腹を立てないこと。「楽しかったね」と友だちに言おう。また遊びに来たいと思ってもらおう。

わすれないで！ 友だちはきみと遊ぶために来てくれたんだから，なにをするかいっしょに決めよう！

ルール 28 友だちの家によばれたら，礼儀正しいお客さんになろう

> 友だちの家に行ったら，いっしょに楽しもう。ルールを知っていれば，どうしたらいいかがわかるよね。ルールを守れば，礼儀正しいお客さんになれるし，きっとまたよんでもらえるよ。

友だちが玄関を開けてくれたら，「こんにちは！」と言おう。

友だちのお父さんやお母さんにも，「こんにちは！」ときちんとあいさつしよう。

どんなゲームや遊びをしたいのか，まず友だちに聞こう。

なにをして遊びたいか，友だちの考えを聞こう。

きみがしたい遊びを友だちがしたくなければ，ほかのことをすればいいんだ。

もし腹が立ったら，友だちにそう言って話し合おう。

友だちにすることを選んでもらってもいいし，「別のことをしようよ」と言ってもいいんだ。

なかなか決められなかったら，友だちのお父さんやお母さんに手伝ってもらってもいいよ。

コンピュータゲームをしていて，今度は自分の番だと思ったら，「ぼくの番はまだ？」と聞いてもいいんだよ。

自分の気持ちを友だちに言おう。

コンピュータゲームをやめて，ほかのことをしたかったら，友だちにそう言おう。

腹が立ったら，ちょっと休けいしてトイレに行こう。

トイレに行って気持ちが落ちついて，また楽しく遊べると思ったら，部屋にもどろう。

お腹がすいたら，友だちにそう言えばいいんだ。

「お腹すかない？」と友だちに聞いてみよう。

「なんか食べてもいい？」って聞いてもいいね。

おやつを食べ終わったら，片づけを手伝おう。

片づけを手伝うのは，親切なことだよ。

おやつがなければ，そのまま遊んでいよう。

友だちが，遊ぶより自分の部屋でゆっくりしたいと言ったら・・・

＊音楽を聞いてもいいね。友だちはどんな音楽が好きなのか聞いてみよう。

＊友だちの部屋について，こんなふうに言ってみよう。

・「いい部屋だね。」　　・「すてきなものがたくさんあるね。」

＊友だちの話を聞いて，それについて自分の考えを言ってみよう。

＊友だちの話をちゃんと聞いていることを示すために，「いいね」とか「すごいね」と言おう。

帰る時間になったら，友だちと友だちのお父さん，お母さんに「ありがとう」と言おう。

わすれないで！ 礼儀正しくすれば，きっとまたよんでもらえるよ！

29 コンピュータゲームをするときのルール

友だちといっしょにコンピュータゲームをするときは，プレイしながらいろんなことを話そう。どんなことを言ったりしたりすればいいかがわかれば，きみもコンピュータゲームをしながら話せるようになるよ。

コンピュータゲームをしてもいいかどうか，まずお父さんやお母さんにたずねよう。
きみのお父さんやお母さんは，コンピュータゲームをする時間を制限しているかもしれないね。自分の家でも友だちの家でも，コンピュータゲームをする時間はちゃんと守ろう。

コンピュータゲームを友だちと順番にするときは・・・
友だちの番のときは，友だちのプレイを見ていよう。
友だちがコンピュータゲームをしているときは，感想を言おう。

きみと友だちが，別々のコンピュータゲームをするときは・・・
5分ごとに友だちを見て，こんなふうに言おう。
＊「どう，おもしろい？」
＊「今，どのゲームをしてる？　まだ同じゲーム？」

きみと友だちが同じコンピュータゲームでたたかったり，同じチームでプレイしたりするときは・・・
友だちといっしょにゲームをしたくなければ，そう言おう。そして，友だちがプレイするのを見ていればいいんだよ。
自分がしたくないゲームを10分ぐらいしたら，「今度はほかのゲームをしようよ」と言ってもいいんだよ。
友だちがしたくないゲームをしてくれているときは，10分ぐらいしたらやめて，友だちの好きなゲームをしよう。

友だちとコンピュータゲームをしながら，こんなふうに話してみよう。

＊うまい！	＊とってもじょうずだね！	＊どうやったの？
＊そうやってジャンプするんだ！	＊すごい！	＊今の，どうやったの？
＊あっち，あっち！	＊ナイス！	＊ほかに方法はない？
＊あれはなに？	＊それ，どうすればいいの？	＊Bを押して！
＊もうちょっとだったのに！	＊このレベル，クリアできる？	＊エッ！
＊あれれ！	＊ギャッ！　また負けちゃったよ!!	

わすれないで！ 友だちが来ているときに，ひとりでコンピュータゲームをするのはよくないよ。いっしょにしたり，ゲームについて話したりしよう！

ルール 30 メールをするときのルール

> メールでやりとりする友だちもたくさんいるよ。メールするときは，ちゃんとルールを守ろうね。

携帯電話でメールする前に，お父さんやお母さんに契約プランについて聞いておこう。

　メールをするたびにお金がかかるプランもあるよ。

　お父さんやお母さんにこんなふうに聞いてみよう。

　＊「メールは何分までしていいの？」

　＊「メールの長さは関係あるの？」

　＊「メールの文字数は関係あるの？」

知らない人から来たメールには返事を出さないようにしよう。

　知らない差出人からのメールには返事を出さないよ。

　知らない人からメールが来たら，お父さんやお母さんに言おう。

メールやインターネットのいじめ（携帯メール，Ｅメール，SNS などでからかわれること）を受けても，返事をしてはだめだよ。

　お父さんやお母さんに言って，いじめのメールやメッセージを削除しよう。

　学校の友だちにそのことを言う必要はないんだ。

メールをするときは，絵文字や顔文字，短縮形を使ってもいいよ。

　☺　(^-^)　(笑)　など

メールは文字だから，話したことよりも長く残るし，ほかの人に見られることもあるんだ。

　うわさや，悪い言葉や，人に見られたくない写真をメールしてはだめだよ。

　メールはほかの人にも見られるかもしれない。

　きみのメールを受け取った人が，それをほかの人に見せるかもしれない。

　みんなが見るかもしれない。

　お父さんやお母さんが見るかもしれない。

　見られたくない人に見られてしまうかもしれない。

　メールのせいで，いじめられるかもしれない。

　メールのせいで，わらわれたりからかわれたりするかもしれない。

　メールで送った写真は大人になっても残るんだ。悪い言葉でメールしたり，見られたくない写真を送ったりしないようにしよう。

わすれないで！ 携帯メールは便利で早い方法だけど，ほかの人に見られるかもしれないから，ルールを守って送ろう！

31 じょうだんは練習してから言おう

じょうだんをじょうずに言えるように，前もって練習しよう。言い方がうまくないと
わらってもらえないし，逆(ぎゃく)にからかわれてしまうこともあるんだ。

おもしろいのは，どんなこと？

友だちとわらうこと。

おもしろいとわかっているじょうだんを言うこと。

じょうだんを，どうしておもしろいかわかること。

じょうだんには，だじゃれがよく使われるんだ。

同じ音で意味のちがう言葉や，一部だけ音を変えた言葉を，じょうだんに使うことがあるんだ。

例：●ネコが寝込(ねこ)んだんだってさ。

　　●ニューヨークで入浴(にゅうよく)したよ。

　　●だじゃればかり言うのは，だれじゃ？

意味のわからないじょうだんを自分で作って言わないようにしよう。

悪い意味だったり，自分で思っている意味じゃなかったりすることもあるかもしれない。

友だちがおもしろいと思ってくれないかもしれない。

友だちはわらってくれるかもしれないけど，本当はおもしろくないと思っているかもしれない。

友だちは，じょうだんではなくて，きみのことをわらっているのかもしれない。きみの言った
じょうだんがおもしろいのではなくて，きみの行動がばかげていると思って，いじわるをしたり
からかったりしているのかもしれないんだ。

テレビで聞いた意味がよくわからない言葉を，友だちをわらわせようと思って使ってはいけないよ。

もしかしたら，

＊こわい言葉かもしれない。　　＊だれかの悪口なのかもしれない。

意味がちゃんとわかっているじょうだんなら，おもしろく言うために，まずお父さんやお母さんと練習してみよう。

おもしろいじょうだんかどうか，お父さんかお母さんでテストしてみよう。

なぜそのじょうだんがおもしろいのか，お父さんやお母さんに聞いてみよう。

じょうだんがわかるようになるために，だじゃれや言葉遊びをおぼえよう。

友だちのじょうだんの意味がわからなかったら…

みんながわらっていたら，いっしょにわらおう。

あとでお父さんやお母さんにどこがおもしろいのか教えてもらおう。

わすれないで！ 前に聞いたことがあって，意味がわかっている
じょうだんだけを言うようにしよう！

ルール 32 男の子と女の子の ユーモアのちがいを知ろう

男の子と女の子では，おもしろいと思うことがちがうんだよ。そのちがいがわかるようになれば，ふさわしいじょうだんを言ったり，正しい行動ができるようになるよ。

男の子がおもしろいと思うこと

ふざけること
変な声を出すこと
トイレの話
「くさい」話
気持ちの悪いじょうだん
性器の話
ゲップやおならをすること
悪口（本気じゃない）
女の子の悪口（本気じゃない）
おたがいに悪口（本気じゃない）を言い合うこと
追いかけっこ
ふざけて変な音を出すこと
からかうこと

女の子がおもしろいと思うこと

ふざけること
歌手や俳優のまね
派手なおしゃれをすること
おどったり歌ったりすること
悪口（本気じゃない）
男の子の悪口（本気じゃない）
男の子にいたずらをすること
男の子をバカにすること
追いかけっこ
ふざけて変な音を出すこと
からかうこと

わすれないで！ 男の子といるときと女の子といるときでは，ちがうじょうだんを選ぶこと！

33 よく使われる俗語や慣用句の意味を知ろう

> 俗語や慣用句の意味をおぼえよう。もし意味がわからなければ，お父さんやお母さん，友だちに教えてもらおう。

よく使う俗語や慣用句には，次のようなものがあるよ。ほかにもインターネットや本などでさがしてみよう。友だちや先生，お父さん，お母さんでも，こんな言葉を使うことがあるから，よく聞いてみよう。

●俗語	●意味
アガる	楽しくて興奮する，気分が上がる
イケてる	魅力的
イケメン	かっこいい男性
いまいち	物足りない
お荷物	やっかいなもの
おやじギャグ	古くさいじょうだん
がけっぷち	非常にこまった状態にあること
キモい	気持ち悪い
逆ギレ	しかられた人が反対に怒ること
KY	場の雰囲気がわからないこと
シカト	無視すること
自己中	自己中心的な人
写メ	写真を添付した携帯メール
スイーツ	あまいおかし
すべる	ギャグがうけないこと
ため口	友だち口調
ダメ出し	よくない点を指摘すること
チクる	言いつける
チャラい	言動や見た目が軽い
チラ見	ちらっと見ること
デパ地下	デパートの地下の売り場
鉄板	まちがいない，たしかな
ドタキャン	約束を直前にキャンセルすること
ドン引き	言ったりしたりしたことで場がしらけること
パクる	取る，ぬすむ
バレバレ	かくしているつもりでも，周囲にばれていること
ビビる	おじけづく
ピンキリ	ピンからキリまで。最上から最低まで

プータロー，プー	仕事をしないでぶらぶらしている人
太っ腹	気前がいいこと
へこむ	落ち込む
別腹	満腹でも好きなものは食べられること
ポシャる	とちゅうでだめになる
マイブーム	個人的に夢中になっていること
マジ	本当に，本気で
むかつく	しゃくにさわる
ヤバい	あぶない，とても魅力的

●慣用句　　　　　　　　　　　●意味

頭が下がる	感心する，敬服する
油を売る	仕事をさぼる
息が合う	おたがいの調子がぴったり合う
うしろ髪を引かれる	あきらめきれない，未練が残る
うそ八百	たくさんのうそ，まったくのでたらめ
馬が合う	気が合う
お天気屋	気分が変わりやすい人
顔が広い	いろいろな方面に知り合いがいる
顔から火が出る	とてもはずかしいようす
肩を持つ	味方をする
口がかたい	言ってはいけないことをむやみに言わない
峠を越す	もっとも大変な時期や状態が過ぎる
歯が立たない	強すぎて対抗できない
鼻が高い	ほこらしい，得意になっている
羽を伸ばす	のびのびと自由にふるまう
船をこぐ	体をゆらしながら居眠りをする
棒にふる	だめにする
ほほが落ちる	とてもおいしいようす
水に流す	なかったことにする
道草を食う	より道をする
耳にたこができる	何度も同じことを言われてうんざりする
耳にはさむ	ほんの少しだけ聞く
目が点になる	おどろいているようす
目をぬすむ	見つからないようにこっそりと行う

わすれないで！ 俗語や慣用句の意味をおぼえよう！

34 俗語や慣用句をおぼえよう

言いたいことを強調したり，変わった言い方をしたいときに，人は俗語や慣用句を使うんだよ。はじめはわからないかもしれないけど，少しずつおぼえていこう。

俗語や慣用句は，その言葉の意味からは，何を言っているか意味がはっきりわからない場合があるよ。

　たとえば，「顔を洗って出直しなさい」と言ったら，「はじめからやり直しなさい」という意味なんだよ。

言いたいことを強調するのに俗語や慣用句を使うことがあるよ。

　たとえば，「そんなの，うそ八百だよ」は，「それはうそにちがいない」という意味だね。

俗語や慣用句をじょうだんにすることもあるよ。

　たとえば，

● 「今日は晴れ晴れ，うそはバレバレ！」

● 「耳にタコができて，イカがびっくりしたんだって！」

遊んでいるときにも，俗語や慣用句を使うことがあるよ。

　たとえば，「そんなの朝飯前だよ」と言ったら，「そんなことかんたんだよ」という意味だよ。

でも，俗語や慣用句はむずかしいかもしれないね。

　俗語や慣用句がわからない。

　俗語や慣用句は，意味がはっきりしていない。

　俗語や慣用句は，言葉通りの意味ではない。

そんなときは，こうして解決しよう。

　お父さん，お母さんや仲のいい友だちに意味を教えてもらおう。

　ほかの子がわらっているときは，いっしょにわらおう。

　テレビで使われる俗語や慣用句をよく聞こう。

　先生やお父さん，お母さんが使う俗語や慣用句をよく聞こう。

　俗語や慣用句を使ったじょうだんをよく聞こう。

　本の中に出てくる俗語や慣用句を調べよう。

　俗語や慣用句をリストにしておぼえよう。

わすれないで！ 俗語や慣用句をおぼえたら，みんなの言うことがよくわかるようになるよ！

第3章

学 校

35 クラスの子に話しかけてみよう

> 学校が始まって新しい学年になったら，友だちに話しかけてみよう。校庭やろうかで友だちにあいさつしたり，話しかけたりするのは，親切なことなんだよ。なにを言えばいいのか，学校が始まる前に家でお父さんやお母さんと練習しておこう。

友だちに近づいて，「やあ，元気？」と言おう。

すると友だちも，「やあ！」とか「元気？」とか言ってくれるかもしれないね。

友だちが何人か集まっていたら，みんなの話を聞いてみよう。

みんなの話を聞くときは・・・

みんなの方に体を向けて聞こう。

興味があることを知らせるために，うなずきながら聞こう。

みんなと目を合わせながら聞こう。

きみが話に興味を持っていることが伝わるように，落ちついた明るい声で話そう。

「すごいね」「いいね」「そうなんだ」のような相づちを打とう。

こんな質問をしてみよう。

*春休みは楽しかった？　　*なにをしたの？

*旅行した？　　　　　　　*おもしろい映画見た？

こんなときは，「またあとでね」と言ってそこから立ち去ろう。

*友だちがきみをいじわるな目で見ているとき。　　*友だちがきみから目をそらすとき。

*友だちがきみの質問に答えてくれないとき。　　*友だちがきみと話してくれないとき。

友だちが話したくないのは，こんなときかもしれないね。

*いやなことがあって，きげんの悪いとき。　　*ただ話したくないとき。

そんなときは，別のところへ行って，ほかの友だちと話せばいいんだ。

ろうかを歩くときは，友だちの方を見よう。

「おはよう！」と言われたら，「おはよう！」と答えよう。

友だちの方を見ないで歩いていると，友だちがあいさつしてくれても見えないし，返事もできないよ。すると，友だちはきみが怒っていると思ったり，無視されたと思ったりするかもしれないんだ。

全員にあいさつする必要はないよ。

友だちだけにあいさつしよう。

あいさつをしてくれた子にも，あいさつしよう。

あいさつをしてくれない子には，あいさつをしなくてもいいんだ。

わすれないで！ 学校で友だちと話せば，仲よくなれるし，新しい友だちも作れるよ！

ルール
36　クラスのルールを守ろう

> クラスのルールを知るのは大事なことだよ。先生もみんなにルールを守ってほしいと思っているんだ。ルールを守れば勉強もできるようになる。クラスのルールをこんなふうにしておぼえよう。

クラスのルールを紙に書いておぼえよう。紙に書いておけば，あとから見ることもできるよ。

たとえば，

1　カバンは決められたところへ置こう。
2　授業が始まる前に教科書とノートとふでばこを出しておこう。
3　宿題もカバンから出しておこう。
4　チャイムが鳴ったら席につこう。
5　授業のはじめと終わりのあいさつはきちんとしよう。

先生が話しているときは・・・

質問があっても，だまって聞こう。

先生の話を聞いていれば，きみが聞きたいことがほとんどわかるはずだよ。

先生の指示をしっかり聞こう。

先生の顔をちゃんと見て聞こう。

先生が話しているときは，話にわり込まないようにしよう。

口は閉じて，しっかり聞こう。

ぼんやりしないで，聞こう。

もしぼんやりしそうになったら，先生の話に集中するように自分に言い聞かせよう。

「目をさませ！」とか「スイッチオン！」と自分に言おう。

机の上に「ぼんやりしない」と書いた紙を置いておいてもいいね。

もし先生の指示がよくわからなかったら・・・

＊手をあげて質問しよう。

＊手をあげて，先生にもう一度言ってくれるようにたのもう。

＊どの部分がわからないのか，先生に言おう。

＊ほかの子がしていることを見てみよう。

＊ほかの子がしていることをしよう。

＊わからないままじっとすわっていないで，なにかしよう。

「なぜそんなことをしなくてはいけないのですか」と先生に聞いてはダメ！

わすれないで！　クラスのルールが守れれば，勉強がもっとよくできるようになるね！

37 まちがった答えを言ってもあわてないよ

> 先生が出した問題に答えたいときは，手をあげよう。きみの答えが正しくても，まちがっていてもだいじょうぶだよ。答えを言うときは，こんなふうにしよう。

先生にさされるのを待とう。

きみの答えが正しいかどうかは，先生が教えてくれるよ。

もしきみの答えが正しければ・・・

先生は，きみの答えが正しいと言ってくれて，次の問題にうつるだろう。

次は，ほかの子が答える番だよ。

先生がほかの子をさしたら，きみは答えないようにしよう。

もしきみの答えがまちがっていれば・・・

先生は，きみの答えがまちがっていると言って，また同じ問題を出すだろう。

きみは，同じ問題には答えないようにしよう。

ほかの子が答える番だよ。

きみの答えがまちがっていると先生に言われても，さからってはだめだよ。

自分の答えがまちがっていたことをみとめよう。

正しい答えをきちんと聞こう。

次のときに，正しい答えを言えればいいんだ。

みんなにわらわれるかもしれない。

まちがった答えを言うと，クラスのみんながわらうかもしれないね。

みんながわらうのは，「自分がまちがわなくてよかった」と思っているからなんだ。

なんとなく決まりが悪くて，わらっているのかもしれない。

みんなにわらわれて腹が立っても，気持ちを静めよう。

腹が立っても，相手をおどすようなことは言わないようにしよう。

こぶしをふり上げたり，相手を押したり，暴力をふるったりしないようにしよう。

わらっている子に怒った顔で近づかないようにしよう。

相手に近づきすぎないようにしよう。

「なぐるぞ」などと言わないこと。

おどしたら，先生にしかられて，学校に来られなくなるよ。

だれだっておどされるのはこわいよ。

わすれないで！ 答えが正しいときも，まちがっているときもあるよ。正しいとうれしいね。まちがっているときは，まちがいから学べばいいんだから，あわてないでいいんだ！

ルール
38 必要なことは言葉でたのもう

> 先生はどうすれば生徒を助けられるか，考えているんだよ。生徒はみんな学び方や必要なものがちがっている。だから，生徒の方から先生になにが必要なのか言わなければ，先生にわからないことがあるんだ。言葉で言って，先生に助けてもらおう。

必要なことがあったら・・・

　言葉でたのもう！

ていねいにたのもう。

　手をあげて，先生にさされるまで待つか，先生が来てくれるまで待とう。

手をあげるときは・・・

　まっすぐ，しっかりあげよう。

　きみのあげた手が先生に見えたかどうか，先生の方を見てみよう。

　先生が気がついてくれるように，先生の方を見よう。

　先生がさしてくれるか，こちらに来てくれるまで，しんぼう強く待とう。

こんなときは，先生のところまで行って質問していいんだ。

　＊授業の前かあとで，先生がほかの子と話していないとき。

　＊授業の前かあとで，先生がいそがしくないとき。

　＊先生が，きみに「来てもいいよ」という合図をしてくれたとき。

　＊朝の会の前や，帰りの会のあと。

きみは先生の手助けが必要なのに，先生がちっとも気づいてくれないのは，なぜ?

　＊きみが手をあげていないから。

　＊先生は，ほかの子の質問に答えているから。

　＊先生は，今きみには手助けが必要ではないと思っているから。

　＊ほかにもたくさんの生徒が先生の手助けを待っているから。

　先生が気づかなくても，じっと手をあげていてもいいし，またあとで手をあげてもいいね。

わすれないで！ 言葉で言わなければ，手助けしてもらえないよ！

39 作文の書き方を学ぼう

学校で作文を書くのがとてもつらい子も多いだろう。でも，書き方を練習すれば，かんたんに書けるようになるよ。

作文の書き方を紙に書いて，学校と家に置（お）いておこう。

1　まず主題になることを書こう。

いちばん言いたいことを，１つの文にして書こう。いろいろ考えて，いらない紙に下書きしよう。

2　次にその主題について，３つの考え（書くこと）を決めよう。

そのことについて知っていることならなんでもいいんだ。

そのことについて調べたことでもいい。

そのことについてだれかに聞いたことでもいいよ。

3　３つの考えを順番（じゅんばん）に書いていこう。

●１つ目の考えを，主題の文の次に書こう。

●１つ目の考えについて，２つか３つの文を書こう。

・説明（せつめい）を加えた，くわしい文を書こう。

・そして，けれども，なぜなら，また，もしも，だから，まず，次に，それから，すると，そこで，たとえば，ところが，つまり，のようなつなぎの言葉を使って書こう。

・形容詞（けいようし）を使って，文をもっとおもしろくしよう。たとえば，外見（色や大きさや形），さわった感じ（やわらかい，でこぼこ），味（おいしい，あまい），におい（いいにおい，いやなにおい），音（大きい，するどい）など，考えて書こう。

●１つ目の考えについて２つか３つの文を書いたら，次に２つ目の考えを書こう。

●２つ目の考えについても，２つか３つの文を書こう。

●２つ目の考えについて２つか３つの文を書いたら，次に３つ目の考えを書こう。

●３つ目の考えについても，２つか３つの文を書こう。

段落（だんらく）のはじめは１文字分あけるのをわすれないでね。

4　最後（さいご）に結論（けつろん）の文を書こう。

はじめに書いた主題の文を，ちがう言い方でもう一度書こう。

5　作文の題を，一番はじめに書こう。

作文の題は，主題に合った，人が読みたくなるようなものにしよう。

6　読み返そう。

声に出して読み返そう。

漢字や「，」「。」のまちがいはないか，文の流れはどうか，注意しながら読み返そう。

まちがいを見つけたら，直そう。

わすれないで！ 書き方のとおりに書けば，作文はかんたんだよ！

ルール 40 算数の文章問題が解けるようになろう

算数の文章問題が苦手という子がたくさんいるよね。それは，文の中にかくされている，計算方法を教えてくれるキーワードがわからないからなんだ。

キーワードを見つけられるようになれば，どの計算を使えば問題がとけるかがわかってくるよ。下のリストのキーワードを覚えておけば，算数の文章問題もかんたんにできるようになるよ。

キーワードのリストを，学校と家に置いておこう。

算数の文章問題の中に，こんなキーワードをさがそう。

次のようなキーワードを見つけたら，線を引いたり，蛍光ペンで印をつけたりしよう。

●足し算のキーワード（＋）
増える
増えた
全部で
あわせて
合計
加える
増えた
加わった
もらう
買う

●引き算のキーワード（－）
減る
減った
残りは
あと（どれだけ）あれば
差，おつり
差し引く
なくなった
いなくなった
あげる
食べる

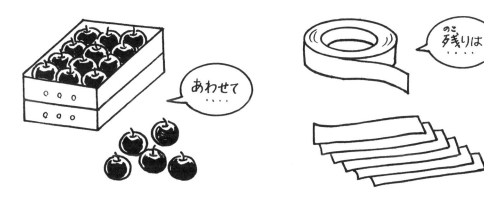

わすれないで！ 算数の文章問題は，キーワードを見つければ，解き方がわかるよ！

41 お話のあらすじを まとめられるようになろう

学校ではたくさん本を読むよね。お話や文章のあらすじを発表しなくてはならないときや，感想文に書かなくてはならないときもあるだろう。

「あらすじをまとめる」というのは，読んだことを自分の言葉を使って言ったり書いたりすることだよ。

主人公のことや，起きたことなど，読んだこと全体について短くまとめることなんだ。
読んだことを全部言うのではないんだよ。

次のような順番であらすじをまとめよう。
やり方を紙に書いて，学校と家に置いておこう。

あらすじをまとめる順番

1　登場人物はだれか（だれについての話か）。

2　登場人物はどんな人か（お兄さん，娘，子ども，動物，宇宙飛行士，ヒーロー，友だちなど）。

3　いつ，どこの話か（背景）。

4　どんなことが起こったか（主人公がなにかを決心した，主人公がなにかを変えた，2人の間に起きた問題，主人公の住む町や地域に起こったことなど）。

5　主人公たちは起こったことについて，どんなことをしたのか。

6　物語のはじめ，なか，おわりにどんなことが起こったのか。

あらすじをまとめるときに使うと便利な言葉

このお話の始まりは
そして
次に
最後は

わすれないで！ お話のあらすじをまとめるのは，方法がわかれば
楽しいよ！

ルール 42 学校でその日の予定が変わっても 受け入れよう

学校で，急にその日の予定が変わることもあるよね。先生にも前もってわからないことだってあるんだ。そんなときにどうすればいいかがわかっていれば，腹が立ったり心配になったりすることはないよ。

その日の予定が急に変わったら，どうすればいい？

　先生の言うことをよく聞こう。

　その日の予定が急に変わっても，どこへ行ってなにをしたらいいのか，先生がちゃんと教えてくれるよ。

怒らないで，ちゃんと聞くようにしよう。

なにをすればいいのか，どうすればわかるだろう？

　先生か，助けてくれる人に，「どうしたらいいのかわからない」と言おう。

　「もっとくわしく教えてください」とたのもう。

　落ちつけば，ちゃんと理解できるよ。

　先生に教室の外やトイレに行ってもいいか聞いて，そこでひと休みして気持ちを落ちつかせよう。

　ひと休みする時間がないときもあるよ。

　よく聞いて，先生の指示にしたがおう。

　ほかの子のしているようにしよう。

わすれないで！ 学校でその日の予定が変わるのはいやだけど，落ちついていればだいじょうぶ！

43 先生に聞いてから教室を出よう

教室を出るときには，先生の許可がいるよ。先生に聞いて，「出てもいい」と言ってもらわないといけないんだ。混乱したり不安になったりしているときでも，教室の外に出たいときは，まず先生に聞こう。

ときどき，こんなことで混乱したり不安になったりするかもしれない。
  *先生の指示がよくわからないとき。
  *校内放送が流れたとき。
  *先生がなにかを発表したとき。

混乱したり不安になったりしたら，どうすればいい?
  *先生に助けてもらおう。
  *先生が教室から出て行ってしまったら，先生がもどってくるまで待って，どうしたらいいか聞こう。
  *ほかの子たちがしていることをよく見て，同じようにしよう。
  *落ちついて，助けを求めよう。

なぜ，先生にだまって教室を出てはいけないの?
  *あぶないかもしれないから。
  *きみがどこに行ってしまったか，先生にわからなくなるから。
  *学校の規則だから。
  *しかられるから。

教室を出てもいいのは，どんなとき?
  *先生がいいと言ったとき。
  *トイレに行ってもいいと先生が言ったとき。
  *先生が，もう帰りなさいと言ったとき。
  *避難訓練をしているときに，先生に，並んで教室から出るように言われたとき。
  *クラスのみんなで列を作って朝礼に行くとき。
  *クラスのみんなと図書室に行くとき。
  *クラスのみんなとコンピュータ室に行くとき。
  *体育館や音楽室に行くとき。

わすれないで! 先生の許可なく教室から外へ出るのは安全ではないよ!

ルール 44 列に並ぶときはルールを守ろう

> 列に並ぶときはルールを守らないと，ほかの子を怒らせたり，先生にしかられたりするよ。

列の前にわり込んではいけないよ。

　　＊わり込む子はいやがられるよ。　　＊みんなに「わり込み禁止！」と言われて怒られるよ。

列に並んでいるときは，体やうでを動かさないよ。

　ほかの子にぶつかるかもしれないからね。ぶつかったら，こんなことになるかもしれないよ。
　＊「押さないでよ！」とか「ぶつかるなよ！」と言われるかも。
　＊みんなが先生に言いつけるかも。
　＊みんなが腹を立てるかも。

そんなつもりじゃなかったのに「ぶつかるなよ！」と言われたときは，「ごめん」と言って，体を動かさないようにしよう。

列に並んでいるときに，どうしても体を動かしたくなったら・・・

　体をまっすぐにしよう。
　前を向こう。
　ぐらぐらしないように足を少し開いてしっかり立とう。
　体をゆっくりゆすろう。
　指を動かしてみよう。

前やうしろに並んでいる子に近づきすぎないようにしよう。

　うでの長さの半分ぐらいはなれよう。
　あまり近くに立ちすぎると，いやがられるよ。

だれかに押されたり，ぶつかられたりしたら，「押さないで」と落ちついた声で言おう。

　相手に向かってさけばないようにしよう。だれかにいやなことをされてさけんでも，少しも役に立たないんだ。
　相手はあやまるかもしれないし，あやまらないかもしれない。

列が動き始めたら，列といっしょに動こう。

　前の子が歩き始めるのを待ってから，歩き始めよう。
　前の子と同じ速さで歩こう。

わすれないで！ 列に並ぶときは，体を前に向けよう。

45 「言いつけ魔」にならない

「言いつけ魔」は，いつも，ほかの子のことを先生に言いつける子のことだよ。言いつけ魔はいやがられるよ。

先生に言っていいときは，こんなときだよ。
  *だれかにおどされたとき。
  *だれかに暴力をふるわれそうだと思ったとき。
  *だれかに押されたり，けられたり，たたかれたりして，また同じように傷つけられそうだと思ったとき。
  *だれかがほかの子に乱暴しているとき。
  *だれかがほかの子をおどしているとき。
  *だれかのことやグループの子たちのことがこわくて，びくびくしていたり，傷つけられそうだと思ったりしたとき。

こんなときは先生に言いつけないよ。
  *だれかが大きな声で話したとき。
  *だれかの答えがまちがっていたとき。
  *だれかが失敗したとき。
  *だれかが失敗して，やり直さなくてはいけないとき。
  *だれかが勉強していないとき。
  *だれかがきみの悪口を言ったとき。
  *だれかがほかの子の悪口を言ったとき。
  *だれかが鉛筆で机をカタカタたたいているとき。

なぜ，言いつけないほうがいいんだろう？
  *そんなことを言いつけるのは，「言いつけ魔」だから。言いつけ魔はいやがられるんだ。
  *そんなことは，きみには関係のないことだから。
  *きみは自分のことをちゃんとやっていればいいのだから。

だれかのすることでイライラしたとき，言いつけるかわりにどうすればいいんだろう？
  *リラックスして落ちつこう。
  *勉強に集中しよう。
  *無視しよう。
  *きみの気にさわることをしている子に，「やめて」と静かにたのもう。

わすれないで！ 言いつけ魔は，よくないよ！

ルール 46 小学生と中学生の遊びのちがいを知ろう

> 小学生と中学生では遊び方がちがうんだ。どんなふうにちがうかがわかっていれば，仲間(なかま)に入れるよ。

小学校では・・・

みんなのところへ行って，「いっしょに遊ぼう」と言おう。そしてみんながしている遊びに入れてもらおう。

小学生の遊び

* おにごっこ
* ボール遊び
* カード遊び（学校で許可(きょか)されていれば）
* なわとび
* 野球
* ごっこ遊び
* 砂場遊び(すなば)
* そのほか

中学校では・・・

みんなのところへ行ったら，「おはよう！」などとあいさつをして，おしゃべりしたり，スポーツをしたりしよう。中学生は，おにごっこや砂場遊び(すなば)のような遊びはしないよ。

中学生の遊び

* バスケットボール
* ドッジボール
* カード遊び（学校で許可(きょか)されていれば）
* おしゃべり
* サッカー
* ボール遊び
* そのほか

中学生は，ほかにどんなことをしているだろう？

* おしゃべり
* ただいっしょにいるだけ
* ほかの子のことを見る
* 読書
* すわってくつろぐ
* いっしょに宿題をする

わすれないで！ 小学生も中学生もみんなで遊ぶけど，遊び方がちがうんだ！

第**4**章

・・・・・・・・・・・・・・・・・・・・・・・・・・・・・・・・・・・

いじめ

47 からかう子に注意しよう

〈からかう子〉というのは，ほかの子のことをわらったり，いやがらせをしたりする子のことだよ。相手の気持ちを傷つけて，自信をなくさせてしまうかもしれないんだ。

〈いじめっ子〉は，だれかに乱暴をしたり，おどしたり，ひどいことをしたりする子のことだよ。いじめっ子は相手の体を傷つけたり，こわがらせたりするんだ。

でも，わすれないで！　きみには，からかいやいじめをとめるパワーがあるんだ！

からかったりいじめたりする子は，みんなに自分が強いと思われたいんだ。でも，そうはさせないぞ！

いじめっ子のきげんが悪くても，きみのせいじゃないよ。

いじわるなことを言われても，しっかり強い気持ちを持とう。

からかわれるとすぐ反応する子が，からかわれるんだ。

友だち同士でふざけてからかうことがある。そんなときは腹を立てることはないんだ。

友だち同士でからかったり，からかわれたりすることもある。

*じょうだんで，からかうことがあるよ。　　*ふざけて，からかうことがあるよ。

*おもしろがって，からかうことがあるよ。　　*けなしたり，悪口を言ったりすることがあるよ。

*うそをついて，からかうことがあるよ。　　*イライラさせて，からかうことがあるよ。

*いじわるな方法で，からかうことがあるよ。

からかわれたら，どうしよう？

*「やめて」と言おう。　　*無視しよう。　　*じょうだんで返そう。　　*そこをはなれよう。

*からかわれても，先生に言いつけないようにしよう。

*自分で立ち向かって，からかいをやめさせよう。

こんなときは，いじめだよ。

*グループの子たちに，いじわるなことを言われたとき。

*きみが，だれかにおどされていると感じたとき。　　*だれかが，きみをこわがらせたとき。

*きみが，だれかに傷つけられそうだと思ったとき。　　*きみが，だれかに乱暴されたとき。

いじめられたら，先生に言おう。

背筋を伸ばしてまっすぐに立って，いじめっ子の顔を見よう。

そして，しっかりした声で「やめて！」と言おう。

そして，そこをはなれよう。

それから，お父さん・お母さんや，先生やカウンセラーに言おう。

わすれないで！　強い気持ちでいれば，からかわれても平気だよ！
もしいじめられたら，友だちや，先生や，お父さん・お母さんや，
カウンセラーや，校長先生に助けてもらおう！

ルール 48 からかわれたら，じょうずに反応しよう

> 校庭や教室や部室では，からかいや，ひやかしや，ふざけや，ちょっかいや，おちょくりがよくあるんだよ。

きみも家でからかう練習をしてみよう。そうすれば，からかわれたときにじょうずな反応ができるようになるよ。

こんなふうに練習しよう。

●ふざけた，しっかりした声（さけんではだめだよ！）で言ってみよう。

●家族にたのんだり，鏡の前で練習したりしてみよう。

●からかわれたら，相手の目をしっかり見よう。

●からかう練習をするときは，体を相手の方に向けよう。

からかいの言葉にはこんなものがあるよ。3つ以上おぼえよう。

＊きみに言われたくないよ！　　＊おおせのとおりです。　　＊ありえないって！

＊ほんとかよ！　　＊鏡を見てみろよ。　　＊サイテー！

＊最悪だな！　　＊信じてもらえると思ってんの？　　＊おっしゃるとおり！

＊それがなにか？　　＊もっとおもしろいこと言えないの？　　＊いじわる！

だれかにからかわれたら，こんなふうに反応しよう。

そこをはなれよう（答える必要なんかないよね）。

たたいたり，押したり，乱暴したりしてはいけないよ。

からかいにちゃんと反応して，きみの強さを示そう。

からかいにちゃんと反応して，そんなの平気だということを示そう。

からかいにちゃんと反応すれば，もうからかわれなくなるよ。

からかい返すのは，どんなとき？

＊だれかにからかわれたとき。

＊だれかと口論になったとき。

＊からかわれているのが，いやになってきたとき。

＊だれかに，ばかげたことを聞かれたとき。

わすれないで！ からかわれてもちゃんと反応できれば，自分の強さを示すことができるし，もうからかわれなくなるよ！

49 だれかの仕草が気になっても無視しよう

> まわりの子のすることが気になるのは，よくあることだね。気が散って勉強に集中できなくなるし，イライラして，その子のしていることをやめさせたくなるだろう。でもね，相手のしていることを変えることはできないんだ。変えられるのは自分の行動だけだよ。だから，ほかの子の気になる仕草は無視しよう。そうすればイライラしなくなるよ。

だれかの仕草が気になりやすくても，無視しよう。

だれかが授業中におしゃべりばかりしても，無視しよう。

だれかがまちがってきみにさわっても，無視しよう。

だれかが教室で音を立てても，無視しよう。

だれかがきみの悪口を言っても，無視しよう。

どうすれば無視できるだろう？

＊「勉強に集中しよう」と自分に言い聞かせよう。

＊先生の方を見て，先生の言っていることをしっかり聞こう。

＊「あの子の立てているいやな音を聞かないぞ」と自分に言い聞かせよう。

＊深呼吸して気持ちを静めよう。

＊気持ちの落ちつくことを考えよう。

ほかの子のことを受け入れられるように努力しよう。

その子のするいやなことを無視して，その子をありのまま受け入れられれば，いやなことでもあまり気にならなくなるよ。

自分の行動の，変えられる部分を変えよう。人の行動は変えられないよ。変えられるのは自分の行動だけなんだ。

ほかの子，とくに障害のある子のことをからかってはだめだよ。

ほかの子のすることを変えようとしないよ。

クラスの子がルールを守らなくても，気にしないようにしよう。

ルールを守るようにみんなに言う必要はないんだ。それは，きみの責任じゃないからね。

ルールを守るようにみんなに言うと，「いらないお世話だ」と思われるよ。

人のことではなくて，自分のことだけをしっかりやっていればいいんだよ。

ほかの子にいやなことをされたら，「やめて」とていねいに言おう。それでもやめないときは，無視すればいいんだ。

＊その子は，やめようとしてもやめられないのかもしれない。

＊その子は，きげんが悪いのかもしれない。

＊きみは，その子をそのまま受け入れなくてはいけないのかもしれないね。

わすれないで！ 気にしなければ，あんまりイライラしないよ！

50 いじめられっ子にならない

> いじめられっ子にならないようにしよう。一度いじめを受けると，いつもいじめられるようになるかもしれないんだ。

いじめられっ子ってだれのこと？

しょっちゅうからかわれたり，いたずらをされたりする子のことだよ。

いじめっ子は，どうしていじめるんだろう？

＊いじわるをしたいから。

＊自分を強いと思いたいから。

＊わらいたいから。

＊おどしたいから。

＊いやがらせをしたいから。

＊じゃましたいから。

＊苦しめたいから。

＊相手を支配して，やつあたりしたいから。

＊ふざけているから。

＊ほかの子たちをわらわせたいから。

いじめられっ子にならないためには，どうすればいい？

ばかばかしいことや本当ではないことを言われても，信じないようにしよう。

からかわれても気持ちをしっかり持って，「それがなに？」と言おう。

からかわれても気にしないようにしよう。

からかわれても，大声を出したり，さけんだりしないようにしよう。

だれかの言いなりにならないようにしよう。

だれかの秘密をもらさないようにしよう。

だれかのうわさを聞いても，広めないようにしよう。

じまんしないようにしよう。

こわいと思っても，相手にそれを見せないようにしよう。

わすれないで！ 一度いじめられると，何度もくり返していじめられるようになるんだ。自分の行動を変えて，いじめられっ子にならないようにしよう！

51

うわさや秘密を流す「メッセンジャー」にならない

ここで言っている「メッセンジャー」とは，人の秘密をもらしたり，うわさを流したりする人や，だれかの言いなりになる人のことだよ。メッセンジャーはみんなを怒らせるし，みんなにきらわれるんだ。

メッセンジャーになりたくなるのは，どんなとき？

人気のある子がきみに，だれかの秘密やうわさをほかの子に広めるように言ったときだよ。

きみも人気者になりたいから，その子の言うとおりにしたいと思うかもしれないね。

みんなに好かれたいと思うかもしれない。

すごい秘密を知って，わくわくするかもしれない。

でも，メッセンジャーになると，こんなことになるよ。

＊だれかを怒らせてしまうかもしれない。

＊うわさを流したり秘密をもらしたりしたのはきみだと，みんなが言うかもしれない。

どうしてきみを，おとしいれようとするんだろう？

＊おもしろがって，ふざけているから。

＊いじわるだから。

＊きみが本当にするかどうかたしかめたいから。

＊きみをからかっているから。

＊きみをいじめたいから。

言われたとおりにしたら，どう思われる？

＊きみは弱いやつだと思われる。

＊きみをいじめてもいいんだと思われる。

だれかに，うわさをや秘密を広めるように言われたら，どうすればいいだろう？

無視するか，こんなふうに言おう。

＊「いやだ，広めたくない。」

＊「そんなことはしたくないよ。」

＊「いやだ。」

＊「自分でやれば？」

いやだ

わすれないで！ うわさや秘密を広めるのをきちんと断れば，もうしつこくされないよ。メッセンジャーにならなくてすむんだ！

ルール

52　うわさを流さない

人から人へ伝えられる本当かどうか根拠のない話を，うわさというんだ。うわさはたいてい，おかしいことや，おもしろい話で，だれかに言いたくてうずうずするようなことなんだ。

たとえば，「ねえ知ってる？　カーリーはフレディが好きなんだって」とか，「今日の11時にクラス全員で，教科書を床に投げることが決まったよ。みんなに伝えて！」というようにね。

どうしてうわさを流すんだろう？

＊ふざけているから。

＊いじわるだから。

＊自分がえらくなったと思いたいから。

＊じょうだんでやっているから。

＊うわさで人を傷つけたいと思っているから。

もし，きみもうわさを流したら・・・

＊先生やほかの子に怒られるかもしれないよ。

＊みんなを怒らせたり，みんなにわらわれたりするかもしれない。

＊今度はきみについてのうわさを流されるかもしれない。

うわさが本当かどうか，どうやってたしかめればいいの？

＊あとでお父さんかお母さんにそっと聞いてみる。

＊親友にそっと聞いてみる。

仲のよい友だちに聞いても，本当かどうかわからないかもしれないね。

うわさされている本人に聞くのは，その子を傷つけるかもしれないから，やめよう。

うわさを聞いて，どうしたらいいかわからないときは，どうすればいいだろう。

＊それが本当かどうか，よく考えてみよう。

＊きみについてのうわさでなければ，気にすることはないよ。

＊きみはそのうわさを流さないようにしよう。

＊「きっと本当じゃないよ」と自分に言い聞かせよう。

わすれないで！　うわさを流しちゃだめだよ！

53 グループでかたまっている子たちをさけよう

> グループでかたまっている子たちには注意しよう。どんなグループなのかわかるまで、そのグループに入るのはよそう。
> グループの中には、きみを歓迎してくれる子もそうでない子もいるかもしれない。相手の反応をしっかり見て、グループに入るかやめるか決めればいいんだ。

そのグループが親切なのか、いじわるなのか、わかりにくいときがあるよ。こんなときは注意しよう。

* 「やあ！」とやたら親切そうに声をかけてくるとき。
* わざときみに聞こえるように「ヒソヒソ話」をするとき。
* グループに入らないかとさそうとき。
* きみに、グループの子たちのためになにかをさせようとするとき。
* グループに入るようにさそったのに、きみにいじわるをするとき。
* グループの子たちがきみをからかうとき。

どうしてそんなことをするんだろう？

* きみを仲間はずれにしたいから。
* きみをからかっているから。
* いじわるだから。
* きみを支配して、自分たちの力を見せつけたいから。

そんなとき、きみはどうすればいいんだろう？

* その子たちを無視しよう。
* そのグループに近づかないようにしよう。
* 「いやだ」と言おう。
* 信用できるほかの子たちと遊ぼう。
* そのグループの子たちがどんな子なのか、よくわかるまでつき合わないようにしよう。
* その子たちといっしょになにかをするときは、自分はいつでも「いやだ」と言えることをおぼえておこう。
* その子たちのあとにくっついて行かないようにしよう。
* その子たちに言われたりされたりしたことで、傷つかないようにしよう。
* その子たちが親切そうなふりをしていても、グループに入らないようにしよう。
* 別の子たちのところへ行こう。

わすれないで！ 本当の友だちは、相手に親切にするものだよ。もしグループの子にからかわれたり、いじわるをされたりしたら、いつでもグループをやめよう！

54 大げさに言ったり，
ほらを吹いたりしないようにしよう

相手に好かれたくて，行っていないのに行ったと言ったり，持っていないのに持っていると言ったり，映画を見ていないのに見たと言ったり，ゲームをしたことがないのにしたと言ったりすることを，「大げさに言う」とか「ほらを吹く」って言うんだ。

たとえば，
- 「ぼくなんか，R指定の映画なんていつも見てるよ。」
- 「うちのママは，好きなだけキャンディを食べさせてくれるのよ。」
- 「ぼく，最高にすごいゲーム機持ってるんだ。」

どうして大げさに言ったり，ほらを吹いたりするんだろう？
　＊かっこいいと思われたいから。
　＊きみが信じるかどうかためしているから。
　＊きみがどう答えるかためしているから。
　＊信じたら，きみのことをわらおうと思っているから。

もしきみが信じたら，ますますひどくなるよ。
　＊きみは，だましやすいやつだと思われるよ。
　＊いじめられるようになるよ。
　＊きみが，そんなほら話を信じてほかの子に言ってわらわれればいいと思うかもしれないね。

だれかが大げさなことを言ったら・・・
　こんなふうに答えよう。
　＊「そりゃそうだ！」
　＊「本当ならいいのにね」
　＊「その話，けっさくだね。」
　＊「前にも聞いたことあるよ。」

もしきみがいつも，ほらを吹いたり，大げさなことを言ったりすれば，だれもきみの話を聞いてくれなくなるよ。
　きみが本当のことを言っているときでも，うそつきだと思われてしまうよ。
　きみのほらやじまんにうんざりして，だれもきみと友だちになりたくないと思うよ。

わすれないで！ 信じられないほどすごい話は，たいていうそなんだ！　ほら話や大げさな話をすると，友だちがいなくなるよ。

55 スポーツマンのようにふるまおう

> みんなは，スポーツマンのように行動できる子と遊ぶのが好きなんだ。お父さんやお母さん，先生も，スポーツマンのような行動ができる子をほめてくれるよ。

スポーツマンらしい行動って，どんな行動？

＊友だちとなかよくいっしょになにかをする。

＊友だちとはげまし合ったり，ほめ合ったりする。

＊「じょうずだね！」とか「いいゲームだったね」と言える。

＊楽しく遊べる。

＊友だちと助け合う。

スポーツマンらしくない行動って，どんな行動？

＊「ぼくが先だよ」と言う。

＊「きみの負けだ」と言う。

＊ずるいことをする。

＊ルールを守らない。

＊ゲームや遊びのとちゅうで，「別のやり方でやろうよ」とか「そんなやり方じゃないよ」と言って，ルールを変える。

＊「わたしの番じゃなかったから，今のは関係ないよ」とか「今のは練習」と言って，サイコロを二度ふる。

＊ボードゲームで，動かしてはいけないところにコマを動かす。

＊悪い言葉を使う。

＊順番を守らない。

＊勝つためにコマやカードを勝手に動かしたり，かくしたりする。

＊さけんだり悪口を言ったりする。

＊悪い態度をとる。

わすれないで！ スポーツマンらしく行動しなければ，いっしょに遊んでもらえないよ！

56 友だちでも，いやなことは「いやだ」とはっきり言おう

> いやな気がすることやしたくないことを，したり言ったりするように友だちに言われるのを，「友だちからの圧力」と言うんだ。友だちからの圧力に負けないで，「いやだ」と言って，その場をはなれられるようになろう。

きみを説得して，こんなまちがったことをさせようとする子がいるかもしれない。

  ＊タバコを吸う
  ＊お酒を飲む
  ＊ドラッグを使う
  ＊マリファナ（大麻）を吸う
  ＊盗みをする
  ＊人前で，自分の性器をさわる
  ＊友だちの性器をさわる
  ＊人のものにさわる
  ＊人にさわる
  ＊高いところに登る（危険だよ。）
  ＊人の前でズボンを下ろす
  ＊女の子用（男の子用）のトイレに入る
  ＊悪いことを言う
  ＊悪いことをする

そんなとき・・・

  相手にどならないようにしよう。
  「悪いことだ」と言わないようにしよう。
  言いつけないようにしよう。

  そのかわりに，ただ「いやだ」と言って，そこをはなれればいいんだ。

わすれないで！ 安全と健康と幸せのために，自分にとって正しい決断をしよう！

57 身だしなみに気をつけよう

> 外見は大切だよ。友だちは，きみの外見と行動を見て，友だちになるかどうかを決めるんだ。だから身だしなみに気をつけよう。最高にかっこよく見えるように，いつも清潔にしていよう。

みんなは，こんなふうにして身だしなみに気をつけているんだ。

　＊だいたい毎日お風呂に入るかシャワーを浴びる。

　＊毎日髪をとかす。

　＊歯みがきをする。

　＊季節や場所に合った，下着，くつした，洋服を身につける。

気持ち悪いと思われたり，いっしょにいたくないと思われたりしないように，こんなことに気をつけよう。

　＊髪がべたべたしていないように。

　＊へんなにおいがしないように。

　＊髪がボサボサにならないように。

　＊派手すぎる服を着ないように。

　＊ズボンが短すぎないように。

　＊おならをしないように。

　＊口がくさくないように。

　＊髪が顔にかぶさらないように。

　＊つめが長くてきたなくないように。

髪はきちんととかす
顔にかぶさらない

歯みがきをする

派手すぎる
服を着ない

だいたい毎日
お風呂に入ろう

ズボンが
短すぎない

つめは短く
きれいに

わすれないで！ 外見のためだけではなく，健康のためにも，清潔にしよう！

ルール 58　おかしな行動をやめよう

> 自分の行動を観察(かんさつ)して，おかしな行動はやめよう。

おかしな行動は，みんなにわらわれるよ。

きみがおかしな行動をすると，だれかがほかのだれかに言って，広まってしまうんだ。

わざときみに，おかしな行動をさせようとする子もいるかもしれない。

もしだれかに，こんなおかしな行動をするように言われても，してはいけないよ。

たとえば，
- ズボンを下ろしてお尻(しり)を見せる。
- 男の子（女の子）のトイレに入る。
- だれかをつきたおす。
- だれかに水をかける。
- つばをはく。
- 悪い言葉を言う。
- 自分やだれかの宿題をやぶる。
- わざとまちがった答えや，悪い答えを言う。
- お金をあげる。
- お弁当(べんとう)をあげる。

なぜきみに，そんなことをさせようとするんだろう。

* きみがそうするのを見たいから。

* だれかが悪いことをするのを見たいから。

* きみのことをわらったり，ほかの子にもわらわせたりしたいから。

* きみのしたことを，うわさにして流したいから。

* ほかの子に言いたいから。

* きみを支配(しはい)したいから。

* きみをいじめたいから。

こんなおかしな行動は学校ではしてはいけないよ。

鼻をほじる	性器(せいき)をさわる	自分の髪(かみ)の毛をひっぱる
いすをかたむける	自分の顔やうでをつねる	耳をほじる
手をなめる	くちびるをかむ	しょちゅうげっぷをする
しょっちゅうあくびをする	音を立てる	ほかの子をさわる

わすれないで！ だれかがきみと友だちになりたいかどうかは，きみの行動しだいで決まるんだ！

59 行動を変えよう

だれかがきみと友だちになりたいかどうかは，きみの行動しだいなんだ。ほかにも，きみの行動は成績にも関係してくるし，ほかの子からどう思われるかにも関係してくるんだ。

よくない行動をよい行動に変えることができれば，きみの人とうまくやっていく力はぐんとアップするよ。

お父さん・お母さんや先生が変えたいと思うきみの行動は，どんな行動だろう？
- ●変えたい行動を下に書いて，今日の日付も書いておこう。
- ●どうしたらその行動を変えられるか，下に書いて，やってみよう。
- ●これは自分との契約書だから，一番下にサインをしよう。

今日の日付： ＿＿＿＿＿＿ 年 ＿＿＿ 月 ＿＿＿ 日

ぼく・わたしはこんな行動を変えます：

＿＿＿＿＿＿＿＿＿＿＿＿＿＿＿＿＿＿＿＿＿＿＿＿＿＿＿＿＿＿＿＿＿＿＿＿＿

＿＿＿＿＿＿＿＿＿＿＿＿＿＿＿＿＿＿＿＿＿＿＿＿＿＿＿＿＿＿＿＿＿＿＿＿＿

＿＿＿＿＿＿＿＿＿＿＿＿＿＿＿＿＿＿＿＿＿＿＿＿＿＿＿＿＿＿＿＿＿＿＿＿＿

＿＿＿＿＿＿＿＿＿＿＿＿＿＿＿＿＿＿＿＿＿＿＿＿＿＿＿＿＿＿＿＿＿＿＿＿＿

＿＿＿＿＿＿＿＿＿＿＿＿＿＿＿＿＿＿＿＿＿＿＿＿＿＿＿＿＿＿＿＿＿＿＿＿＿

行動を変えるために，こんなことをします：

＿＿＿＿＿＿＿＿＿＿＿＿＿＿＿＿＿＿＿＿＿＿＿＿＿＿＿＿＿＿＿＿＿＿＿＿＿

＿＿＿＿＿＿＿＿＿＿＿＿＿＿＿＿＿＿＿＿＿＿＿＿＿＿＿＿＿＿＿＿＿＿＿＿＿

＿＿＿＿＿＿＿＿＿＿＿＿＿＿＿＿＿＿＿＿＿＿＿＿＿＿＿＿＿＿＿＿＿＿＿＿＿

＿＿＿＿＿＿＿＿＿＿＿＿＿＿＿＿＿＿＿＿＿＿＿＿＿＿＿＿＿＿＿＿＿＿＿＿＿

サイン：＿＿＿＿＿＿＿＿＿＿＿＿＿＿＿＿＿

わすれないで！ よい行動に変えて，前進しよう！

第5章

気持ち

60 変化は少しずつ起こるものだよ

> 変化がこわいと言う人はたくさんいるけど，変化は少しずつ起こるものだということがわかれば，もうこわくなくなるよ。

変化は少しずつ起こるものなんだ。

変化の起こる段階がわかれば，もうだいじょうぶだよ。

変化は，コップの水に入れた砂のようなものなんだ。コップをふると，砂は動くけど，また少しずつ底にたまっていくね。

今はどの段階だろう？

●**第1段階**：砂はコップの底にじっとしているよ。

きみは落ちついている。

まだなにも変化が起こっていない。

（たとえば，春休みに楽しく遊んでいるときのような状態だよ。）

●**第2段階**：コップがふられて，砂が動き始めたよ。

変化が起こり始めて，砂が興奮している。

きみはこわいと思っている。

（たとえば，新学期の第1日目，先生もクラスのルールもまだわからないような状態だよ。）

●**第3段階**：砂はコップの底にしずみ始めたよ。

もう変化が終わり，砂が底にしずみ始めた。

きみは，まだ少しこわくて，ちょっと落ちつかない。

でも，変化を受け入れられるよ。

（たとえば，新学期の2週目。席もルールもわかったし，知っている子も何人かいるから安心，というような状態だよ。）

●**第4段階**：砂はコップの底にしずんでしまったよ。

砂は前とちがう場所にしずんでいる。

でも砂はその場所を受け入れて，落ちついているんだ。

きみも落ちついている。

きみは成長したんだよ。

やったね！

（たとえば，新学期の3週目。ルールも，やることもよくわかって，もうすっかり落ちついたような状態だね。）

わすれないで！ 変化には段階があることがわかって，練習すれば，変化をかんたんに受け入れられるよ！

ルール 61 初めてのことや場所について，前もって話し合っておこう

初めての場所に行くときや，初めてのことをするときは，興奮したり，心配になったりするよね。でも，前もってお父さん・お母さんや友だちと話し合っておけば，どんなことが起こるかがわかるよ。行く前に練習しておけば，なにを言えばいいのか，どうしたらいいのかがわかるんだ。

少しでも多くのことが事前にわかっていたほうがいいね。

興奮すると，その場所にふさわしくない行動をしてしまうかもしれないね。

たとえば，

- 大声を出す。
- 同じ動作をくり返す。
- 同じことを何度もくり返して言う。
- だれかに話しかけられても，どこかへ行ってしまう。
- 相手と目を合わせない。
- 人のものを勝手にさわる。
- 質問されても答えない。
- 話題とちがう，ずれたことを言う。
- 話している人の方を向かないで，別の方を向く。

こうすれば解決するよ。

初めてのことをするときには，前もって話し合っておこう。

初めてのことをする前に，お父さんやお母さんと話して，どんなことが起こるかを考えて，準備しておこう。

初めてのことをするとき，どんな行動をすればいいか，リストを作っておこう。

たとえば，

- 明るい声で「こんにちは！」と言う。
- 静かな声で話す。
- 大げさな動作をしないようにする。
- 深呼吸をして気持ちを落ちつかせる。
- 足は地面につけて，動かさないようにする。
- もじもじしたら，静かに指だけを動かしている。
- じっとしていられないときは，片足ずつ順番に体重をかけてみる。
- ほかの子がしていることを見て，それが悪いことでなければ，同じようにする。
- さわりたいものがあったら，さわる前に聞く。
- 質問されたら答える。
- そして，相手にも同じ質問をする。
- 相手と目を合わせる。
- にこにこしたり，明るい表情をしたりする。

初めてのことをするときは，まわりの人に言われることをよく聞こう。

ふさわしくない行動をして，友だちにやめるように言われたら，すぐにやめよう。

ふさわしくない行動を，お父さんやお母さんにやめるように言われたら，すぐにやめよう。

わすれないで！ 初めてのことや正しい行動について話し合っておけば，きっと落ちついてうまくできるよ！

62 かんたんに選ぼう

なにかを選ぶのは，むずかしいときがあるよね。とても小さなことでも，大きなことに思えて，なかなか選べないかもしれないね。まちがったものを選んで後悔しないかと心配になったら，こんな方法で選べばいいよ。

むずかしくてなかなか選べない？

大きな問題ではないと思いたいけど，大問題に思えるし，選ぶのがむずかしい。

かんたんに選べるようになりたい。

自分の気に入ったものを選びたい。

「いちばんいい」ものを選ぶ必要はないよね。

全部好きだと思っても，１つだけ選ぼう。

こうすれば，たった20秒くらいで選べるようになるよ。

1　一番かんたんなものを選ぼう。
- ・一番よく知っているものを選ぼう。
- ・前にしたことのあるものを選ぼう。
- ・時間がかからないものを選ぼう。

2　いらないものを消しながら，選んでいこう。
- ・４つの中から選ぶときは，まずいらないものを２つ選んで消そう。
- ・残った２つのうちから，１つを選ぼう。どちらでもいいから，パッと選ぼう。

3　ゲームを使って選ぼう。
- ・「どれにしようかな」と歌いながら選ぼう。
- ・ふくろに全部入れて，手を入れて１つだけ選ぼう。
- ・サイコロをふって選ぼう。
- ・目をつぶって，１つ選ぼう。

4　選び終わったら・・・
- ・いいものを選んだと思おう。
- ・選んだとおりにしよう。

どれにしようかな

わすれないで！ 選んだら，そのとおりにしよう。いいものを選んだと思おう。

ルール 63 いっしょうけんめいやったら，自分をほめよう

> 自分のしたことを，お父さん・お母さんや先生や友だちにみとめてもらって，安心したいと思うときがあるよね。でも，ほめてもらえないこともあるかもしれない。そんなとき，どうすればいい気分になれるだろう？

自分のベストをつくしたら，それだけいいんだよ。
　自分のしたことをまわりの人に，「よくできたでしょ？」と聞く必要はないんだよ。
　ただ，ベストをつくせばいいんだ。

自分について，こんなことを聞かないようにしよう。
　「今日ぼくは，よくできたと思う？」　　「きみはぼくのこと好き？」
　「ぼくはきみの親友？」　　　　　　　「わたしのこと，怒ってるの？」
　「わたしたちまだ，友だちだよね？」

そんなことを聞かれると，まわりの人は・・・
　＊イライラするかもしれない。
　＊へんな気がするかもしれない。
　＊腹を立てるかもしれない。
　＊どうしていいかわからなくなるかもしれない。

自分について前向きに考えよう。
　＊「ぼくはちゃんとやれてるよ。」　　　＊「わたしは，だいじょうぶ。」
　＊「ぼくはベストをつくした。」　　　　＊お母さんにはお母さんの気持ちがある。
　＊お父さんにはお父さんの気持ちがある。　＊友だちには友だちの気持ちがある。
　みんなが，きみと同じ気持ちではないんだ。ほかの人の気持ちを受け入れよう。
　自分には自分の気持ちがあるんだね。

うまくできなかったら？
　うまくいかない日もあるかもしれないよ。

だれでも失敗するし，うまくいかない日もあるんだ。
　だから，落ちついてリラックスしよう。
　次に，もっとがんばればいいよ。
　深呼吸をしよう。

わすれないで！ ベストをつくしたら，それでいいんだよ。努力したら自分をほめよう！

64 「こだわり」をやめよう

> 自分やまわりの人に向かって，同じことを何度も言うことがあるかもしれないね。とくに意味のない動作をくり返すこともあるだろう。こんなふうに，同じことを何度も言ったりしたりすると，まわりの人がいやがるかもしれないよ。

「こだわり」ってどんなこと？

お父さん・お母さんや先生や友だちに「ちがうよ」と言われても，自分で正しいと思うことが頭からはなれなくなることだよ。

だからそのことについて，いつも話したり，考えたりしてしまうんだ。

「こだわり」を変えるのはむずかしいよ。

たとえば，「こだわり」にはこんなものがあるよ。
- 朝，だれよりも早く学校につかなくてはいけないと思う。
- 学校は大変すぎると思う。
- 病気について話さなくてはならないと思う。
- いつも同じことについて話さなくてはならないと思う。
- 毎回，同じ特別な方法で，なにかをしなくてはいけないと思う。
- 同じことを何度もくり返して考える。
- 同じことを何度もくり返して話す。

きみがこだわっていると，まわりはどう思うだろう？

*そんなこだわりは，やめるべきだと思う。
*きみが同じことを何度も言ったりしたりするのに，いや気がさすかもしれない。

どうすればいいだろう？

*お父さん・お母さんや先生や友だちの言うことを聞いてみよう。
*「こだわりをやめよう」と自分に言いきかせよう。

こだわりをやめるには・・・

*「スイッチオフ！」と自分に言おう。
*頭の中で，「止まれ！」のサインを思いうかべよう。
*ほかのことを考えよう。
*ほかのことを話そう。
*話題を変えよう。

わすれないで！ ほかの人の言うことを聞けば，こだわりをやめることができるよ。「やめて」と言われたら，やめよう！

ルール

65　冷静になろう

> 腹が立ったり，いやなことがあったりしたときは，冷静になろう。落ちついて問題を解決するんだ。パニックになったり，かんしゃくをおこしたり（さけんだり，泣いたり）すると，みんなにわかるように自分の気持ちを説明できなくなるよ。腹を立ててだれかをたたいたり押したりすれば，相手を怒らせてしまって，お父さん・お母さんや先生にしかられるかもしれない。そうなると，ますますきみの思いどおりにならなくなるよ。
> そんなときは，冷静になれば，問題の解決の方法がわかるよ。

腹が立ったということは，どうやってわかるの？

1　腹が立ったとき，どんな気持ちになるだろう？
- ・すごく，むかつくかもしれない。　　・体の中が熱くなるかもしれない。
- ・首やお腹のあたりがかたくなったような気がするかもしれない。
- ・目の前に赤い色や黒い色が見えるような気がするかもしれない。

2　そんな怒りの気持ちを感じたら，冷静になろう。

家にいるときは，こうして冷静になろう。

自分の部屋へ行って，
- ＊まくらをなぐろう。
- ＊手を強くにぎって，こぶしにしよう。
- ＊ぐるぐる歩き回ろう。
- ＊50（かもっと小さい数）から反対に数えよう。
- ＊足をドンドンとふみならそう。
- ＊息を鼻からすって口からはいて深呼吸をしよう。
- ＊「怒ったぞ！」と言おう。
- ＊気持ちが落ちついたら部屋から出よう。

学校では，こうして冷静になろう。
- ＊先生に言って，今やっていることをやめよう。
- ＊深呼吸をしよう。
- ＊トイレに行こう。
- ＊だれもいないところへ行って，さけんだり怒ったりしよう。
- ＊50（かもっと小さい数）から反対に数えよう。
- ＊校庭にいるときは，ほかの場所へ行こう。
- ＊冷たい水を顔にかけよう。
- ＊気持ちが落ちついたら，みんなのところへもどろう。

友だちの家にいるときは，こうして冷静になろう。

トイレへ行って，
- ＊だれもいないところで，怒ろう。
- ＊手を強くにぎって，こぶしにしよう。
- ＊ぐるぐる歩き回ろう。
- ＊50（かもっと小さい数）から反対に数えよう。
- ＊足をドンドンとふみならそう。
- ＊息を鼻からすって口からはいて深呼吸をしよう。
- ＊「怒ったぞ！」と言おう。
- ＊気持ちが落ちついたら，友だちのところへもどろう。

わすれないで！ 腹が立ったときは，まず冷静になることが大切だよ。気持ちが落ちついたら話し合って，問題を解決しよう！

66 問題を解決しよう

問題を解決すれば，自分もまわりの人も気分がよくなるよ。腹が立ったときは，まず冷静になろう。そうすれば気持ちが落ちついて，きっと問題が解決できるよ。

たとえば，お母さんに「映画に行ってはだめ」と言われて，きみがずっと怒っていたら，映画には絶対に行けないよね。

でも，気持ちを落ちつけて，次のような順序で問題を解決すれば，映画に行ってもいいってお母さんに言われるかもしれないんだ。

なぜ問題を解決するのが大切なの？

問題を解決すれば，好きなものがもらえるかもしれない。

問題を解決すれば，なにがほしいのかがわかる。

問題を解決すれば，いろいろなことがうまくいく。

問題を解決すれば，これからのことがよくなる。

こんな順序で問題を解決しよう。

1　落ちつこう（ルール65の「冷静になろう」を読んでね）。

2　問題について話す準備をしよう。

3　「＿＿＿＿＿＿＿だったから腹が立ったんだ」と言おう。

4　お父さん・お母さんや友だちは，「そうなんだ。＿＿＿＿＿＿＿だったから腹が立ったんだね」と言ってくれるだろう。

5　お父さん・お母さんや友だちは，「きみが＿＿＿＿＿＿＿したとき，わたしは＿＿＿＿＿＿＿な気持ちがしたよ」と説明してくれるだろう。

6　今度は，きみが「そうか，ぼくが＿＿＿＿＿＿＿したとき，＿＿＿＿＿＿＿な気持ちになったんだね」と言おう。

7　「この次は，＿＿＿＿＿＿＿するよ」と言おう。

8　お父さん・お母さんや友だちも，「この次は，＿＿＿＿＿＿＿したいね」と言うだろう。

9　みんなで，それぞれの気持ちを話し合えば，もう同じ問題は起こらないよ。

10　問題を話し合って解決したら，みんないい気分になれるよ。

わすれないで！　よい解決方法を見つけて問題を解決すれば，気持ちが落ちついて，もっとうまくいくようになるよ！

ルール
67　きちんとたのもう

> よいたのみ方と，そうでないたのみ方があるんだ。まちがったたのみ方をしたら，きっと断られるだろう。正しいたのみ方をした方が，ほしいものが手に入ることが多いよ。こんなふうにたのんでみよう。

1　たのむときは，時と場所を考えよう。たのむのにふさわしくないのは，こんな時と場所だよ。

家族や友だちがイライラしていたり，きげんが悪かったりするとき。

家族や友だちがテレビを見ているとき。

夜おそい時間。

妹や弟もいっしょに夕食を食べているとき。

お父さんやお母さんが仕事から帰ってきたばかりのとき。

家族や友だちが電話で話しているとき。

家族や友だちがいそがしいとき。

お父さんやお母さんが仕事に行く用意をしているとき。

学校にちこくしそうなとき。

2　こんなふうに言ってみよう。

家族や友だちがリラックスしていて，きみの話を聞いてくれそうなとき，こんなふうに言おう。

＊「今，話してもいい？」

＊「＿＿＿＿＿＿してもいい？」

3　たとえば友だちと映画に行きたいときは，くわしく説明したり，交換条件を出したりしてみよう。

＊「友だちのお母さんがつれて行ってくれるんだって。」

＊「約束の時間までに帰ってくるから。」　　＊「約束の時間に家に電話するから。」

＊「おそくならないから。」　　　　　　　　＊「映画に行く前に宿題をすませるから。」

＊「庭そうじを手伝うから。」　　　　　　　＊「車を洗うから。」

＊「もんくを言わないで宿題をするから。」　＊「いそいで晩ごはんを食べるから。」

4　それでも，家族や友だちが「だめ」と言ったら・・・

気持ちが落ちつくまで自分の部屋へ行っていよう。

きみにはわからなくても，きっとだめな理由があるのだから，それを受け入れよう。

わすれないで！　正しくたのめば，ほしいものが手に入ることが多いんだ。まちがったたのみ方をしたら，きっと「だめ」と言われるよ！

ルール

68 「だめ」と言われたら，受け入れよう

　たとえば，新しいおもちゃがほしい，どこかに行きたい，友だちを家によびたい，友だちの家に行きたい，おとまり会をしたい，映画に行きたい，宿題をしたくない，テレビを見たい，コンピュータゲームをしたい，っていうときがあるよね。
　こんなときに，家族や友だちに正しいやり方でたのんでも，「だめ」と言われることがあるかもしれないね。なぜだろう？

お父さんやお母さんには，「だめ」という理由があるのかもしれない。
　たとえば，
●お父さんやお母さんにとって，それはなかなかできないことなのかもしれない。
●お父さんやお母さんは，時間がないのかもしれない。
●お父さんやお母さんが仕事に行かなくてはならないから，できないのかもしれない。
●お父さんやお母さんに，それをするためのお金がないのかもしれない。
●お父さんやお母さんは，お金をほかのことに使おうと考えているのかもしれない。
●お父さんやお母さんは，ただそれをしたくないのかもしれない。
●お父さんやお母さんは，それがよい考えではないと思っているのかもしれない。

　でも，きみは，「本当にそれがほしい！　そこに行きたい！　ゆるしてくれてもいいじゃないか！」と思うかもしれないね。

「ほしい」という考えにこだわってしまうと，こんなよくない行動をするかもしれないよ。
　＊何度もたのむ　　　　　　　　＊しつこくする
　＊ぐずったりさけんだりする　　＊いじわるなことを言ったりしたりする
　＊大きな音をたててドアを閉める　＊音楽のボリュームをすごく上げる
　＊悪い態度をとる

そんな行動をすると…
　＊お父さんやお母さんを怒らせるかもしれない。
　＊今度，交換条件を出しても聞いてもらえないかもしれない。
　＊お父さんやお母さんから罰を与えられるかもしれない。

「だめ」と言われたら，こうして受け入れよう。
　＊今自分は「こだわり」でかたまってしまっていると，自分に言い聞かせよう。
　＊「冷静になろう」と自分に言おう。　＊自分の部屋へ行って，冷静になろう。

わすれないで！　今回「だめ」を受け入れれば，次回はみとめてもらえるかもしれないよ！

ルール 69
思いどおりにならなくても冷静でいよう

> 計画どおりにいけばいいと思っていても，変更があって計画を立て直さなくてはならないときもあるんだ。はじめの計画どおりにいかなくても，冷静でいよう。

いつも自分の思いどおりにいくとはかぎらないんだ。

いやでも計画が変わることがある。

人はだれでもまちがうことがあるよ。

みんながきみと同じやり方をしたいとはかぎらないね。

自分の思いどおりになることも，ならないこともあるんだ。

思いどおりにならなくても，かんしゃくを起こしたり，泣いたりしないようにしよう。

たとえば,

●映画に行きたいのに行けないとき

どうしよう？

冷静でいよう。

なぜ行けないのか，お父さん・お母さんや友だちと話し合おう。

そして，「じゃあ，また今度ね」と言おう。

●たのんであったのに，お母さんが録画しわすれたとき

どうしよう？

冷静でいよう。

そして，「だれにでもまちがいはあるから，だいじょうぶだよ」と言おう。

●友だちに遊びたくないと言われたとき

どうしよう？

冷静でいよう。

そして，「わかった。じゃあね」と言おう。

●ゲームで負けたとき

どうしよう？

冷静でいよう。

そして，「いいゲームだったね」と言おう。

●まだとちゅうなのに，ゲームをやめなくてはいけないとき

どうしよう？

冷静でいよう。

そして，「続きはまた今度やるよ」と言おう。

わかった じゃあね

今日は 遊びたく ないんだ

わすれないで！ 計画が変わっても，冷静でいよう！

70 恋をするってどんなことか，知っておこう

だれかのことを，「かわいいな」「すてきだな」「いっしょにいたいな」と思うのが，「恋をする」ということだよ。こんなふうにだれかを好きになる子はたくさんいるけど，ただの友だちでいたいと思う子もいるよ。でも，おたがいに好きになることもあるんだ。

おたがいに好きになると・・・

電話やメールをするようになる。

つき合うようになる。

ボーイフレンドとガールフレンドになる。

デートをするようになる。

もしだれかに恋をしたら・・・

親切にして，あいさつしよう。

まず友だちになろう。

メールや電話をしてもいいか聞こう。

その子が好きなんだと，みんなに言わないようにしよう。うわさが広まるよ。

相手がいいと言ってくれたら，デートにさそおう。

友だちとみんなで出かける計画を立ててもいいね。

映画やショッピングセンターに行くのもいいね。

相手がいいと言わなかったら，しつこくしないようにしよう。

その子のあとをついて回ってはだめだよ。

手紙をわたしてはだめだよ。

友だちに，その子が好きだと言わないようにしよう。

みんなに，その子が好きだと言わないようにしよう。

その子をこまらせてはだめだよ。

その子に近づきすぎないようにしよう。

だれか好きな子がいるかどうか，聞かれたら・・・

＊「みんなのことを，友だちとして好きだよ」と言おう。

＊「みんないい感じだよね」と言おう。　　＊「きみは，だれが好き？」と聞こう。

もし友だちが，きみがきらいな子のことが好きだったら…

友だちの話を聞いてあげよう。それがいい友だちなんだ。

「えー，気持ちわるーい！」と言わない。

そのことで，腹を立てない。

わすれないで！ だれかに恋をしたら，まず友だちになるところから始めよう！

ルール 71 わざと反対のことを言われても，意味がわかるようになろう

友だちは，わざと反対のことを言って，ふざけることがあるよ。言葉をそのままの意味ではない意味で使ったり，意味が変わるような言い方をしたりすることがあるんだ。好きなものやきらいなものについて反対のことを言ったり，ちょっといじわるな使い方をしたりすることもある。
そんなときでも，本当の意味がわかるように練習しよう。

わざと反対のことを言ってからかう。
　相手をからかうときに，わざと反対の意味の言葉を言うことがあるよ。本当に言葉のままの意味で言っているのかどうか，声の調子やジェスチャーで見分けよう。

　たとえば，
「もちろん，ほうれん草だーい好きよ！」と言いながら，
・顔をしかめたり
・頭を横にふったり
・わざと低い声を出したりしたら，
「ほうれん草なんて大きらい」という意味なんだよ。

でも，友だちが言っている本当の意味に気づくのは，とてもむずかしいよね。
　友だちは学校で，わざと反対のことを言うけど，意味がわからない。
　友だちは，そのままの意味とは別の意味で，言葉を使う。

本当の意味がわかるように，練習すればいいんだよ。
　＊家で反対のことを言う練習をしよう。
　＊お父さんやお母さんにわざと反対のことを言ってもらって，練習しよう。
　＊わざと反対のことを言うときは，それに合う声の調子で言おう。
　＊仲のよい友だちなら，本当に言葉のままの意味で言ったのかどうか聞いてみよう。
　＊ほかの子の反応を見て，わざと反対のことを言っているのかどうか判断しよう。

わすれないで！　言葉がわざと反対の意味で使われることがあるよ。
そんなときでも意味がわかるように，練習してみよう！

72 自分に感謝しよう

> 自分に感謝することは，とても大切なことなんだ。きみが，ありのままのきみを好きになれば，きみらしいやり方できっと輝けるよ。
>
> 自分の長所（いいところ）がわかったら，その長所を使おう。そうすれば，ほかの子たちにも，きみのすばらしさがわかるだろう。

きみの長所を表す言葉を３つ選ぼう。

　紙に書こう。

　毎日３つ選ぼう。

　そして，その日ずっと，その３つの長所をおぼえていよう。

　きみの言葉にはパワーがある。きみにはすばらしい長所があるんだよ。

たとえば，

●頭がいい　　　　　●ユーモアがある　　　●やさしい

●親切　　　　　　　●音楽がうまい　　　　●明るい

●運動がじょうず　　●話がうまい　　　　　●ていねい

●人の役に立つ　　　●かわいい　　　　　　●いい友だちになれる

●好奇心がある　　　●陽気　　　　　　　　●元気

●思いやりがある　　●礼儀正しい　　　　　●ゲームがじょうず

●よく気がつく　　　●絵がうまい　　　　　●楽しい

●気前がいい　　　　●よい聞き手になれる

わすれないで！ 自分のままの自分が好き！

ルール 73 目標を決めて計画を立てよう

> 計画のない目標は，実現しないよ。今日をいい日にするために，計画を立てよう。計画を立てて実行すれば，目標を達成できるんだ。

計画を立てよう。

したいことを紙に書こう。

毎日，1つずつ計画を書こう。

そして，その日ずっと，その計画のことを考えていよう。

計画を実行すれば，自分でなにかを変えることができるんだ。

計画を立てれば，自分で変化を作ることができるんだ。

そうすれば，今日はいい日になるよ。

たとえば，こんな計画を立ててみよう。

- ●みんなの話題から，はずれないようにしよう。
- ●いやなことがあっても，無視しよう。
- ●落ちつこう。
- ●もっと話そう。
- ●しゃべりすぎないようにしよう。
- ●手伝ってほしいときは，人にたのもう。
- ●もっとわらおう。
- ●ベストをつくそう。
- ●深呼吸をしよう。
- ●宿題を出す前に見直そう。
- ●しっかり勉強しよう。
- ●ゆっくり休もう。
- ●運動をしよう。
- ●明るくなろう。
- ●賛成しよう。
- ●にこにこしよう。
- ●まわりの子を受け入れよう。

わすれないで！ 計画を実行すれば，目標を達成できるよ！

第6章

ボディ ランゲージ

74 話したり聞いたりするときは，相手の目を見よう

人と話すときは，気持ちが伝わるように相手の目を見よう。そうすれば，相手の話を楽しんで聞いていることを伝えることができるし，もしきみが話し手なら，相手が興味を持って聞いてくれているかどうかも，わかるんだよ。

話すときも聞くときも，相手の顔を見よう。

相手の目やほほや，おでこや，まゆや，口を見よう。

自分の顔と体を，相手の方に向けよう。

なぜ目を合わせるのが大事なの？

きみが聞いていることが相手にわかるように。

きみが話しかけていることが相手にわかるように。

きみが親切にしようとしていることが相手にわかるように。

目を合わせると，きみが自信に満ちた誠実な友だちだということが伝わるんだ。

目を合わせれば，相手がきみの話を聞いているか，そして興味を持って聞いてくれているかがわかるよ。

こんなところを見れば，相手の気持ちがわかるよ。

目　　まゆ　　口　　ほっぺた　　あご

相手の気持ちってなんだろう？

相手がどう感じているかということだよ。

たとえば，

●興味を持っているとき：まゆを上げたり，目を見開いたり，うなずいたりする。

●よくわからないとき：まゆをしかめたり，首をかしげたり，おでこにシワを寄せたりする。

●うれしいとき：まゆを上げたり，目を見開いたり，わらったりほほえんだりする。

●悲しいとき：まゆをしかめたり，口をへの字に曲げたり，あごを引いたりする。

●怒っているとき：まゆをしかめたり，目を細めたり，あごを引いたりする。

●退屈しているとき：別の方を向いたり，下を向いたり，横を向いたり，あごを引いたりする。

目を合わせないと・・・

＊相手の話に興味がないと思われるかもしれない。　　＊失礼だと思われるかもしれない。

＊相手といっしょにいたくないと思われるかもしれない。

＊相手がきみの話に興味があるか，よく理解できているかどうかなんて，きみにとってはどうでもいいと思われるかもしれない。

＊よい聞き手ではないと思われるかもしれない。　　＊正直ではないと思われるかもしれない。

もし直接目を合わせるのがむずかしければ，相手のおでこのあたりを見るのでもいいんだ。

わすれないで！　話すときも聞くときも，相手と目を合わせよう！

ルール 75

相手に近づきすぎないようにしよう

> 人は，自分の空間にだれかが強引に入ってくるといやなんだ。だから，だれかにあまり近くに立ったりすわったりされるといやなんだ。
> 〈相手に近づきすぎないようにしよう。〉

どのくらい近づいていいの？

相手の体を大きな風船がかこんでいるところを想像してみよう。
その風船の外側に立つようにすればいいよ。

ヒソヒソ話をするために近づきたいときは・・・

近づく前に，「ないしょの話があるんだけど」と言おう。
相手が「いいよ」と言ったら，近づいてもだいじょうぶだよ。

相手に近づきすぎたかどうか，どうすればわかるの？

＊近づきすぎても，相手はなにも言わないかもしれないよ。
＊相手はうしろへ下がるかもしれない。
＊相手は怒るかもしれない。
＊きみはこんなことを言われるかもしれないよ。

- 「近いよ。」
- 「もっと下がってくれる？」
- 「ごめんね。」
- 「ちょっと失礼。」
- 「うしろに下がれよ。」

きみが近づきすぎたら，相手はどう思うだろう？

＊腹を立てるかもしれない。
＊きみを押しもどすかもしれない。
＊落ちつかないかもしれない。

近づきすぎたら，どうしたらいいの？

少し（うでの長さくらい）うしろへ下がろう。
それより近づいてはいけないよ。

わすれないで！ 自分の体の位置を考えて，相手に近づきすぎない
ようにしよう！

76 気持ちに合った表情をしよう

気持ちは顔の表情に表れるんだ。表情はその人がなにを感じているか，なにを考えているかを伝えるサインなんだね。

人は無意識に，まゆや，おでこや，ほっぺたや，くちびるや，目を動かしているんだ。友だちもきみの気持ちを知ろうとして，きみの顔を見るんだよ。

自分の気持ちや自分の言っていることに合った表情をしよう。

●まゆを下げてにこにこしたり，ほほえんだりするのは，うれしいとき。

●まゆをよせてニヤリとわらうのは，悪いことを考えているときだよ。

●顔に表情がないと，どんな気持ちかわからないよ（表情が読めないんだ）。

●まゆを下げて顔をしかめるのは，悲しいとき。

●まゆをつり上げ，けわしい表情をするのは，怒っているとき。

●目を見開き，口をあけるのは（しめているときもあるよ），
こわいときや，ショックを受けたときや，びっくりしたとき。

●片方のまゆと口を曲げてわらうのは，どうしていいのかわからないとき。

表情がたくさんありすぎて，どうしたらいいかわからなかったら・・・

＊鏡の前で練習しよう。

＊雑誌の写真を見て，その人がどんな気持ちなのか考えてみよう。

＊知っている気持ちをリストにして，それぞれの気持ちに合う表情を考えてみよう。

＊家族と，おたがいがした表情がどんな気持ちを表すかをあてるゲームをしよう。

＊友だちの顔を見て，どんな気持ちか考えてみよう。よくわからなければ，友だちに聞こう。

＊テレビを，音を消して見ながら，出演者の気持ちを考えてみよう。

わすれないで！ 表情を使って気持ちを表そう。人の表情も観察しよう。表情には，その人の本当の気持ちが表れるんだ！

ルール 77　ジェスチャーの意味をおぼえよう

> ジェスチャーも，顔の表情と同じように，言いたいことを表すものなんだ。言葉といっしょに使うこともあるし，ジェスチャーだけをすることもあるよ。人と話すときは，その人の頭の先から足の先まで観察して，意味をよく理解しよう。

ジェスチャーを見て，その意味をおぼえよう。

　ジェスチャーには，うでを動かすような大きい動作も，首をちょっとかしげるような小さい動作もあるよ。こんなジェスチャーを練習してみよう。

- ●うん：
　首をたてにふる

- ●ううん：
　首を横にふる

- ●わかった，オーケー：
　親指と人さし指で輪を作って，手の平側を相手に向ける

- ●わからない，どうだろう：
　首をかしげる

- ●ちがう：
　顔の前で手の平を立てて，バタバタとふる

- ●ごめんね，お願い，ありがとう，いただきます：
　手の平を合わせる

- ●こっちに来てよ：
　うでを前に伸ばし，手の平を下にして，上下にふる

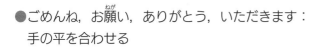

- ●あっちに行ってよ：
　手を胸の前に上げ，手の平を自分に向けて，手を手前から向こうにふる

- ●静かに：
　人さし指を立てて，口にあてる

- ●止まれ，ちょっと待って：
　手の平を相手に向けて，少し前に出す

●うれしい，バンザイ：
手の平を前に向けて，両手をあげる

●バイバイ：
手を顔の高さ（かそれより上）に上げ，手の平を相手に向けて，左右にふる

ジェスチャーには，体のどの部分を使うの？
●うで（うでを組むと，こまっていることや怒りやイライラを表す）

●立ち方
（片足に体重をかけて，手を腰にあてると，
怒っていること，生意気な態度を表す。
前かがみになると，はずかしい，こまった，
こわい，という意味）

●頭（うつむくと，悲しい，腹が立つ，はずかしい，という意味）

ほかの人のジェスチャーを観察してみよう。
＊テレビのドラマを見て，出演者のジェスチャーを観察しよう。
＊雑誌で，写真の人のポーズを見てみよう。
＊学校の友だちのジェスチャーを観察しよう。
＊ジェスチャーゲームをしよう。

おぼえたジェスチャーをだれかがしているのを見たら，どんな気持ちか考えてみよう。

心配	はずかしい	イライラする	悲しい
腹が立つ	不安	うれしい	こわい

相手のジェスチャーの意味がわかるようになれば，正しい反応ができるよ。
たとえば，聞き手が時計を見たら，退屈しているか，もうどこかに行かなくてはならないという意味だよ。
そんなときは，話を終わりにしよう。

わすれないで！ ジェスチャーをおぼえたり練習したりすれば，意味がわかるようになるよ！

78 背筋をしゃんと伸ばして立てば, 自信があるように見えるよ

> 歩くときも, 立っているときも, 背筋をしっかり伸ばそう。前かがみになると, 人に悪い印象を与えるし, いじめられるかもしれないんだ。背筋をしゃんと伸ばせば, きみは, 親切で, 勇気があって, 自信に満ちた人だと思われるよ。

自信のある人に見えるように, 姿勢に気をつけよう。

　体は, まっすぐに。

　歩くときは, うでを体の横にしぜんに下げよう。

　肩をうしろに引いて, 猫背にならないようにしよう。

 ○肩を　うしろに引く

 ×猫背

立っているとき, もじもじしたり, 体を動かしたくなったりしたら・・・

　＊手をひざの上に置くか, ポケットに入れよう。

　＊ゆっくり, 体を左右にゆすってみよう。

　＊うでを体の横に下げて, みんなに見えないように, 下の方で指を動かそう。

　＊片足のつま先をトントンと動かしてみよう。

授業中は顔を上げよう。

　顔を手でおおったり, 机にうつぶせになったりすると, 先生はきみが退屈したり, 疲れたりしていると思って, 怒るかもしれないね。

　顔を上げていれば, 授業に集中できるよ。

背筋をしゃんと伸ばして立てば, みんなはきみのことをこう思うだろう。

前向き	親切	強い	運動がじょうず
好かれる	かしこい	礼儀正しい	自信に満ちている

前かがみになると, みんなはきみのことをこう思うだろう。

こわがっている	ゆううつ	不安	いくじなし
怒っている	疲れている	元気がない	悲しい

わすれないで！ 背筋をしゃんと伸ばして立って, 自信を表そう！

79 いつでも抱きついたり，さわったりしていいわけじゃないよ

人にさわるときは注意しよう。まだ小さいときは，友だちに抱きついたり，さわったりしてもよかったけど，小学生になったら注意が必要だよ。
学校でほかの子に抱きついたり，ほかの子をさわったりすると，わらわれたり，怒られたりするかもしれないよ。それに，大人にもよくないことだと思われるかもしれないんだ。

だれかをさわるときは，ルールを理解して守ろう。

＊さわられた人は，腹を立てるかもしれない。　＊抱きつかれた人は，怒るかもしれない。

抱きついたり，さわったりしていいのは，だれ？

お母さんやお父さん，それに兄弟姉妹（でも8歳以上になったら人前ではしないよ！）。
おじいちゃんやおばあちゃん，親戚の人が，きみの家に来たときや帰るとき。

学校で抱きついていいのは，だれ？

ときどき，低学年の子が友だちに抱きついているよ。
2年生以上になったら，友だちに抱きつかないようにしよう。
女の子どうしなら，もっと大きくなっても抱きしめ合うことがあるよ。

だれかの注意をひきたかったら…

肩に少しふれるのはいいよ。
肩を強くたたくと，相手は乱暴されたと思うかもしれないよ。
でも，軽すぎると，くすぐられたと思われるかもしれない。
どうしていいかわからなかったら，さわらないで，相手の名前をよべばいいんだ。

高校生の男の子と女の子が抱きしめ合ったりキスしたりしてるのは，どんなとき？

親の許可をもらって，デートをしているとき。　学校以外の場所にいるとき。
どちらも抱きしめたりキスしたりしたいと思っているとき。

友だちがきみを先にさわったら…

さわり返してもいいんだ。
さわられるのがいやなら，「さわらないで」と言えばいいよ。

ぜったいに，自分の性器を学校でさわってはいけないよ。

ひとりでいるとき以外は，さわらないよ。
トイレや自分の部屋にいるとき以外は，さわらないよ。

お母さん，お父さんや親戚以外の大人を抱きしめたりさわったりしてはいけないよ。

＊大人はいやがるかもしれない。　＊大人はこわがるかもしれない。
＊大人はされたくないと思うかもしれない。

わすれないで！ さわるのは，とっても「ビミョー」だよ。まちがえないように気をつけよう！

ルール
80　内容に合った声で話そう

声の調子で言葉の意味を変えたり，強めたりすることができるんだ。言い方で，全体の意味が変わることもあるんだ。自分の言いたいことが伝わるように，声の調子を使い分ける練習をしよう。

やってみよう：太字の言葉を強く言ってみよう。

そうしたら，意味がどんなふうに変わるだろう。

- **わたし**は，それが好きよ。
- ぼくは，**それ**が好きなんだ。
- **本当**にだーい好きさ。（反対の意味）
- それ，**好き**だよ。

声の調子で，言葉に気持ちをつけ加えることができるんだ。

こんな気持ちのときは，こんな調子や声で言ってみよう。

- 怒っているとき：早口，大声，するどい声
- うれしいとき：歌うような調子，楽しい声
- 悲しいとき：低い声，静かな声，ゆっくりした調子
- こわいとき：早口，元気のない声，ふるえるような細い声
- 相手を助けようとしているとき：落ちついた声，明るい声，やさしい声
- はずかしいとき：静かな声，しずんだ声，小さな声
- ていねいにしたいとき：楽しい声，親切な声，静かな声

やってみよう：「あっちへ行ってよ」をいろいろな声の調子で言ってみよう。

声と意味が合っているかどうか，お父さんやお母さんに聞いてもらおう。

1　怒った声で言うと：「出て行け」という意味
2　ふざけた声で言うと：「じょうだんはやめて」という意味
3　軽い声で言うと：「終わったから，あっちへ行ってもいいよ」という意味
4　「**あっち**へ行ってよ」と言うと：「ここにいちゃだめ」という意味

変化をつけずに同じ調子で話すと…

＊相手は退屈するし，きみも退屈していると思われるよ。
＊きみの言っていることを相手がわかってくれないかもしれないよ。

家族や友だちと，いろいろな声の調子を練習してみよう。

テレビを見て，いろいろな声の調子を聞いて意味を考えてみよう。

わすれないで！ 声の調子を変えると，言っていることの意味を変えることができるよ！

81 いばらないようにしよう

> 友だちにいばられると腹が立つよね。いばる子はいじわるそうだね。もしきみがいばったら，友だちはきみといっしょにいたくないと思うだろう。きみは，いばっているかな？

友だちに「いばってるよ」と言われたら，ちゃんと聞こう。

＊きつい声で話したから，いばっていると思われたのかもしれない。

＊なにかをしてほしいとたのむのではなく，命令していたのかもしれない。

自分ではいばっているつもりはなくても，悪いところがあれば直そう。

いばった声ではなく，親切な声で話そう。

やさしい小さい声に変えよう。

命令するのではなく，たのもう。

たとえば，

_____してよ！（いばった言い方）

親切な言い方に変えて言ってみよう。

＊「_____してくれる？」

＊「_____するの，どう思う？」

＊「_____したらどうかと思うんだけど。」

いばった言い方と，やさしい言い方

●いばった言い方	●やさしい言い方
「急げ。」	「急いでもらえる？」
「ここに置けよ。」	「ここに置いてくれる？」
「行くぞ。」	「用意ができたら行こうよ。」
「遊ぶよ。」	「遊びたい？」
「このゲームをするんだ。」	「このゲームをしない？」
「そのやり方はまちがってるよ。」	「このやり方でできる？」
「今度はなんだ？」	「次になにがしたい？」
「書けよ。」	「書いてくれる？」
「教えろよ。」	「教えてくれる？」

わすれないで！ 親切にたのめば，親切に答えてもらえるよ。いばったら，みんなを怒らせるし，返事をしてもらえなくなるよ！

ルール 82 ちょうどいい大きさの声で話そう

> 音楽のボリュームが大きすぎると耳が痛いよね。でも小さすぎると聞こえない。
> もしきみが，大きすぎる声で話すと，きみはまわりの人から無視されて，言っていることを聞いてもらえないんだ。きみの声が，よくわからないめちゃくちゃな声に聞こえてしまうんだ。でも逆に，声が小さすぎたら聞こえないよね。
> 相手に聞いてもらうためには，ちょうどいい大きさの声で話さなくてはならないんだね。

ちょうどいい大きさの声で話そう。

時と場合によって，大きい声，中くらいの声，小さい声を使い分けよう。
テレビや音楽のボリュームみたいに，声のボリュームも変えることができるんだ。
友だちの声の大きさを聞いて，同じ声の大きさで話そう。

大きい声を出すのはどんなとき？

・人がたくさんいるとき。　　　・友だちが，ろうかの向こうにいるとき。
・野球の試合を見に行ったとき。　・公園に行ったとき。
・校庭にいるとき。

自分の声が大きすぎるとわかるのは，どんなとき？

相手がきみから少しはなれるとき。
相手も大声で話し出したとき。
相手が顔をしかめたり，両手で耳をおおったりしたとき。
「声が大きすぎるよ」って教えてくれることもあるよ。

小さい声で話すのはどんなとき？

人に聞かれたくないことを話すとき。　　人に聞かれたくないとき。
図書館にいるとき。　　　　　　　　授業中にほかの生徒と話してもいいとき。

自分の声が小さすぎるとわかるのは，どんなとき？

相手が，「なに？」と聞いたり，手を耳のうしろにあてたりするとき。
聞こえなくて，相手が返事をしてくれなかったとき。

中くらいの声で話すのはどんなとき？

ふだんはいつも中くらいの声で話そう。　みんなと同じ，中くらいの声で話そう。

わすれないで！ 声の大きさを，時と場合に合わせれば，ちゃんと聞いてもらえるよ！

83 よい仕草とへんな仕草

きみがどんな仕草をするかは，みんなが友だちになってくれるかどうかに関わる重要なことなんだ。へんな仕草をすれば，友だちになってくれないよ。

よい仕草ってどんな仕草？

相手と目を合わせる

顔に力を入れない

自分の気持ちに合った表情をする

体に力を入れない

会話をしているとき，相手の方に体を向ける

手をひざの上や体の横に置く（もじもじしたくなったら，下の方で指を動かしてもいいよ。）

口に力を入れない

足は床の上に置いて，動かさない

へんな仕草ってどんな仕草？

指でまぶたをひっぱる

へんな顔をする

こぶしで手をたたく

顔を手でさわったり，手でおおったりする

いじわるな顔をする

足でける

体を大きく前後にゆする

会話のとちゅうで手をたたく

肩を何度も上げたり下げたりする

話している相手の方を向かない

話している相手に近づきすぎる

話している相手の方ではない方を向く

へんな仕草をすると，どう思われるだろう？

＊「おかしいことをする子だな」と思われる。

＊なぜそんなことをしたのか，理解してもらえない。

＊みんなは，きみの仕草をおもしろいとは思わない。

＊みんなは，へんな気がしてわらうかもしれない。

＊みんなは，きみと友だちになりたくないと思うかもしれない。

わすれないで！ よい仕草をするようにしよう！

第**7**章

・・・・・・・・・・・・・・・・・・・・・・・・・・・・・・

マナー

84 ていねいな言い方をしよう

> 「どうもありがとう」や「お願いします」は，ていねいな言い方だよ。ていねいで，礼儀正しい言葉なんだ。お父さん・お母さんや先生は，きみにこんな，ていねいな言葉を使ってほしいと思っているんだよ。

ていねいな言い方ってなんだろう？

「どうもありがとう」や「お願いします」はていねいな言い方だよ。

ていねいに言いたいときや親切にしたいときに使う言葉なんだ。

礼儀正しくするために，ていねいな言葉を使うんだ。

「お願い」はどんなときに使う言葉？

だれかになにかをたのむとき。

だれかに助けてほしいとき。

たとえば，

● 「それよこせよ。」（よくない言い方）

● 「お願い，それをちょうだい。」（よい言い方）

「ありがとう」はどんなときに使う言葉？

だれかになにかをもらったとき（それが好きなものでなくても）。

だれかの家に遊びに行って，帰るとき。

お父さん・お母さんや友だちが親切にしてくれたとき。

だれかが，食べ物や飲み物を持ってきてくれたとき。

だれかが助けてくれたとき。

感謝の気持ちを表したいとき。

こんなふうに言おう。

＊「どうもありがとう。」　　　＊「サンキュー！」

＊「手伝ってくれてありがとう。」　＊「親切にしてくれてありがとう。」

＊「うれしかったわ。ありがとう。」

感謝の気持ちをこんなふうに表すこともできるよ。

お礼の手紙を出す。

お礼のプレゼントをわたす。

お礼を言う。

わすれないで！ 礼儀正しいと思われるように，ていねいな言い方をしよう！

ルール 85　相手によい印象を与えよう

> 「よい印象を与える」というのは，人がきみの外見や行動や話し方を見て，きみのことをよく思ってくれることなんだ。

第一印象は大切だよ。

初めて会ったときにどう感じるかで，相手についてどう思うかが決まるんだ。

初めて会ったときの印象で，その人を好きかどうかが決まるよ。

初めて会ったときの印象で，友だちになりたいかどうかが決まるんだ。

こんなふうにして，よい印象を与えよう。

だれかに初めて会ったら，にっこりして，相手の顔を見て，自己紹介をしよう。

相手にちゃんと聞こえるように，ちょうどいい大きさの声で話そう。

相手が手を差し出したら，握手しよう。

相手が子どもなら，「おはよう！」とか「こんにちは」と言おう。

相手の話を聞こう。

相手が話していることについて，意見を言ったり，質問したりしよう。

いっしょに話したり，なにかをしたりしよう。

明るく楽しい声で話そう。

いっしょになにをするか，相手に選んでもらおう。

ていねいに，親切にしよう。

こんなことをすると，悪い印象を与えてしまうよ。

初めて会ったときに，相手の顔を見なかったり，ちがう方を向いたりする。

わらいかけたり，ほほえんだりしない。

いじわるな声の調子や，ふざけた声で話す。

しゃべりすぎる。

相手の質問に答えない。

きみの話に興味を持ってくれているかどうか，相手の顔を見てたしかめない。

相手の話を聞かない。

気持ち悪いことをする。

ぐちっぽい調子で話す。

ほしいものを要求する。

5日以上，髪を洗わない。

わすれないで！　よい印象を与えれば，人によく思われるよ！

86 電話での話し方をおぼえよう

> なにを言ったらいいかわからないと，電話に出るのがこわいかもしれない。電話での話し方をおぼえたら，友だちや親戚と話せるよ。電話の正しい使い方を知っていれば，将来仕事をするときにも役立つんだ。電話での話し方をおぼえるのは大事なことだよ。

電話に出るときは，こんなふうに話そう。

「はい，もしもし。どちらさまですか？」

● 家にいる家族にかかってきた電話なら

「お待ちください」とか「少しお待ちください」と言って，家族をよびに行こう。

● 出かけている家族にかかってきた電話なら

1 「今，留守にしています」とか「今，家にいません」と言おう。

2 「こちらからかけるように言いましょうか？」とか，「なにかお伝えしましょうか？」と言おう（伝えることをわすれないでメモに書いてね）。

3 「わかりました。失礼します」と言って，電話を切ろう。

● 電話がきみにかかってきたのなら

1 「もしもし」とか「どうしたの？」と言って，おしゃべりしたり，計画を立てたりしよう。

2 「じゃあね。バイバイ」と言って，電話を切ろう。

電話をかけるときは，言うことを前もって紙に書いておけば，安心だね。

● 友だちにかけるとき

「もしもし，　（きみの名前）　です。」

「　（友だちの名前）　くん/さんはいますか？」

● 友だちが留守だったら

＊「わかりました。ありがとうございます。失礼します。」

＊「またあとでかけます。さよなら。」

＊「電話があったと伝えていただけますか？　ありがとうございます。失礼します。」

● 友だちが家にいたら

おしゃべりしよう。

電話を切るときは，「じゃあね，バイバイ」と言おう。

友だちに電話をしたけど，「いそがしくて今は話せない」と言われたら・・・

「わかった。あとでかけてくれる？　バイバイ」と言おう。

また，こちらからかけないようにしよう。友だちがかけてくる番だからね。

わすれないで！ 電話のかけ方や電話での話し方を練習すれば，電話をじょうずに使えるようになるよ！

ルール
87　メールの仕方をおぼえよう

> メールは早くて便利だね。友だちになにかを伝えたり，計画を立てたりするのに使おう。

友だちへのメールは・・・

学校以外のところから，友だちに連絡するのに使おう。

・友だちと会う約束をしたり，計画を立てたりするのに使おう。

・友だちとおしゃべりするのに使おう。

友だちにメールしてみよう。

メールを出したい友だちにアドレスを聞こう。

・「きみのアドレスなに？」と学校で友だちに聞いてみよう。

・もし友だちがアドレスを教えてくれなくても，しつこく聞かないようにしよう。

・友だちがアドレスを教えてくれたら，1週間以内にメールしよう。

メールの書き方

1　件名を書こう。これは内容の題だよ。

2　はじめに，「＿＿＿＿＿＿＿くん／さん」とよびかけよう。

3　自分が今なにをしているかを書いてから，相手のことを聞こう。

4　メールを書いたら，送る前に読み返そう。

5　メールを送ったら，返事を待とう。時間がかかることもあるよ。

・返事をくれた友だちとだけメールを続けよう。

・もし返事が来なければ，もう1回だけ送ってみよう。それでも返事が来なければ，もうその人に送るのはやめよう。

・一度にたくさんの人へメールを出すのはやめよう。

・メールにいじわるなことや，いやらしいことを書いてはだめだよ。友だちが元気かどうかをたずねたり，聞きたいことを書いたりしよう。

もらったメールには返事を出そう。

友だちからメールが来たら，返事を出すのが礼儀だよ。

スパムメールは削除しよう（わからなかったらお父さんやお母さんに聞いてね）。

失礼な内容のメールは削除して，返事を出さないようにしよう。

知らない人から来たメールは削除して，返事を出さないようにしよう。

知らない人が送ってきた添付ファイルはぜったいに開けないで。ウィルスかもしれないよ。

わすれないで！　メールは友だちと連絡し合う楽しい方法だよ。正しく使おう！

88 人の話にわり込まないようにしよう

人の話にわり込むのは失礼だよ。わり込まれると，その人は言いたいことが言えなくなって，腹を立てるだろう。きみがわり込んで話しても聞いてもらえないよ。
話のとちゅうでも，きみの話を聞いてもらえる，礼儀正しい方法をおぼえよう。

だれかと話をしている大人に話しかけたいときは・・・

そこへ行って，その人たちがきみの方を見てくれるまで待とう。

その人たちが話をやめる（会話に切れ目ができる）のを待とう。

そして，「失礼します」と言おう。

大人が話しているのにわり込んだら・・・

大人に，「今，話しているんだよ。わり込まないで」と言われるかもしれないよ。

きみが，「話しているのに気づかなかったんだよ」と言って，まだ話し続けたら，

・大人はきみの失礼な態度に腹を立てるだろう。

・大人はきみの話を聞いてくれないだろう。

友だちが話しているのにわり込んだら・・・

友だちは，「今，話してるんだ」と言うかもしれないね。

きみは，「ごめん！　ないしょの話?」と聞いてみよう。

もしないしょの話なら，そこをはなれよう。そうでなければ，だまって待っていよう。

会話の切れ目を待ってから，話そう。

友だちがヒソヒソ声で話していたら，それはないしょの話だよ。

友だちが話し終わるまで，近づかないようにしよう。

友だちが話し終わるまで，話しかけないようにしよう。

電話中の人に話しかけたいときは・・・

「すみません」と言おう。

待つように言われるかもしれないよ。

「話してもいい」という合図を待ってから話そう。

職員室へ行くときは・・・

まずノックしよう。だれかが答えてくれてから，中へ入ろう。

ノックしないで中へ入ると，失礼だと思われて怒られるよ。

わすれないで！ 人の話にわり込まないようにしよう。どうしても
わり込まなくてはいけないときは，「すみません」と言おう！

ルール 89　いっしょに使おう

友だちといっしょにいるときは，きみの物でも友だちといっしょに使おう。

友だちに見せたい物があるときは・・・

「見せたいものがあるんだ」と友だちに言おう。
友だちに見せてあげよう。

友だちに見せたりさわらせたりしてあげよう。

きみが持ったままでは，友だちはよく見えないよ。
きみが持ったままでは，友だちはおもしろいと思わないよ。
友だちは，さわらせてもらえれば，「かっこいい！」と思ってくれるよ。
返してほしいときは，「もう返してくれる？」と友だちに言ってもいいんだ。
そうすれば，友だちは返してくれるよ。

友だちにさわらせたり使わせたりしないのは，失礼なんだよ。

持ってきたものを友だちに見せよう。
それについて話そう。
・どこで買ったか。
・どんなことができるのか。
・どこが気に入っているのか。

友だちが家に遊びに来たら・・・

おもちゃやCDやコンピュータゲームなどを友だちといっしょに使おう。
使ったあとは，ちゃんと返してくれるから，心配しなくていいんだ。
友だちは，いっしょに使えないと，きみといっしょに遊びたいと思わなくなるよ。

いっしょに使いたくない特別なおもちゃは・・・

友だちに見せたら，友だちはさわりたくなるよ。
さわられたくないおもちゃは，しまっておこう。

わすれないで！　いい友だちなら，いっしょに使えるよ！

90　友だちや家族に食べ物をすすめよう

> 友だちに食べ物をすすめて，分け合おう。友だちの前で，自分だけ食べているのは失礼なんだよ。

友だちに食べ物をすすめるのは，いいことだよ。

　友だちと会ったときに，きみがなにか食べていたら，友だちにもすすめよう。

　友だちが家に遊びに来たときは，お母さんやお父さんに聞いてから，おやつをすすめよう。

正しい方法で食べ物をすすめよう。

　ふくろ入りのチップス，クラッカー，チョコレート，ガムなら，

　・手でつかんでふくろから出して友だちにすすめると，気持ち悪いと思われるよ。

　・友だちにふくろや箱を差し出して，食べたいかどうか聞こう。

　・友だちに食べたいものを選ばせてあげよう。

食べ物を友だちと分けたくなければ，友だちが来る前に食べ終わろう。

　食べているとちゅうに友だちが来たら，こんなふうに言おう。

　＊「時間がなくて，食べられなかったんだ。」

　＊「すぐ食べ終わるから，待ってて。」

　まだ口をつけていない飲み物や食べ物なら，口をつける前に友だちにすすめてみよう。

こんなふうに，食べ物をすすめよう。

　＊家族や友だちといっしょにテレビを見ているときに，きみが台所になにかおやつを取りに行くときは，「だれか，なにかほしい？」と聞いてみよう。

　＊冷蔵庫に飲み物か食べ物を取りに行くときは，友だちにも「なにか飲み物か食べ物ほしくない？」とたずねてみよう。

あと片づけもわすれないで。

　きみの家で友だちとおやつを食べたら，友だちのお皿やごみも，自分のものといっしょに片づけよう。

　友だちの家なら，「お皿とコップは，どこへ下げたらいい？」と聞いて，いっしょに片づけよう。

わすれないで！　友だちに食べ物をすすめるのは，礼儀正しいことなんだよ！

ルール 91

ファーストフード店で並んでいるときは、前の人のすることを見ていよう

> ファーストフードの店で並ぶときは、前にいる人を見て、注文の仕方をまねしよう。

列に並ぶときは・・・

並んでいる人のうしろに並ぼう。

列にわり込まないで、一番うしろに並ぼう。

自分の番になったら、注文しよう。

列が動いたら、自分もいっしょに動こう。

前に並んでいる人を見ていよう。

前に並んでいる人の方に、体を向けよう。

前に並んでいる人が進んだら、自分も進もう。

前の人が注文している間に、さいふを出して準備をしておこう。

前の人が注文し終わったら、カウンターへ進もう。

●**ビュッフェ式なら**

おぼんを持とう。

列に並んだまま前へ進んで、ほしいもののところに来たら、お店の人にほしいものを言おう。

自分で取るシステムなら、ほしいものを自分で取っておぼんにのせよう。

ほしいものをおぼんにのせたら、列にそってレジのところへ行って、お金を払おう。

●**注文式なら**

列に並ぼう。

前に並んでいる人のすることを見ていよう。

自分の番になったら、ほしいものをお店の人に言おう。

ほしいものをもらったら、お金を払おう。

「ありがとうございました」と言われたら、軽くうなずけばいいよ。きみは「ありがとう」や「どういたしまして」と言う必要はないんだ。

オーダーしたものを持って、レジの前からはなれよう。次の人の番だよ。

わすれないで！ 前に並んでいる人を見ていれば、どうすればいいかがわかるよ！

92 パーティーのマナーをおぼえよう

友だちのたんじょう会や親戚の集まりなど，パーティーにまねかれたら，マナーを守ろう。そうすれば，きっとまたよんでもらえるよ。

友だちのパーティーにまねかれたら，礼儀正しくしよう。

時間どおりに行こう。

あいさつをして中に入ろう。

友だちや，友だちのお母さんやお父さんに，今みんながなにをしているのか教えてもらおう。

ほかの子と同じようにしよう。

もしお父さんやお母さんといっしょのパーティーにまねかれたら・・・

ほかの家族の子どもと遊んでもいいか，お父さんやお母さんに聞こう。

知っている子がいなければ，お父さんやお母さんといっしょにいてもいいんだ。

「ほかの子と遊んでおいで」とお父さんやお母さんに言われるかもしれないね。

ほかの子がどんな遊びをしているかを見て，同じことをしよう。

パーティーで食事をするときは・・・

その家の人が「食事の用意ができましたよ」と言うまで待とう。

勝手に，一番先にテーブルにつかないようにしよう。

その家の人やお父さん・お母さんに，きみがすわる場所を決めてもらおう。

みんなが食べ始めるのを待ってから，食べよう。

ナプキンがあったら，食べ始める前にひざの上に置こう。

ナプキンがあったら，そのナプキンで口をふきながら食べよう。食べるときは口を閉じてね。

食べ終わったら・・・

みんなが立ち上がるまで，すわっていよう。

もしみんながお皿を下げていたら，きみもそうしよう。

食事が終わったら，テーブルをはなれてもいいか，お父さんやお母さんに聞こう。

お皿を下げるときは，台所の流し台の中か，その横に置こう。

その家の人が，お皿を下げなくてもいいと言ったら，そのままテーブルに置いておこう。

家に帰りたくなったら・・・

お父さんかお母さんに，そっと，もうすぐ帰れるか聞いてみよう。

「帰りたい」とぐずらないこと。お父さんやお母さんはパーティーを楽しんでいるかもしれないよ。

「もうすぐ帰る」とお父さんやお母さんが言ったら，5分か10分の間，ほかのところへ行っていよう。

それからもどってきて，お父さんやお母さんのそばに行って，帰る準備ができるのを待とう。

帰るときは，その家の人にお礼を言おうね。

わすれないで！ パーティーによばれたら，マナーを守ろう。

93 祭日のストレスをへらそう

> お盆やお正月に親戚や親しい人たちと集まるときは，リラックスすれば楽しくなるよ。

親戚の家へ行く前や，きみの家にみんなが集まる前に，リラックスしてストレスをなくそう。

こんなことをして，リラックスしよう。

＊音楽を聞く

＊テレビを見る

＊パズルをする

＊コンピュータゲームをする

その日話すことを，前もって考えておくのもいいよ。

＊スポーツの話題

＊映画の話題

＊学校の話題

前もって，お父さんやお母さんとこんなことを話し合っておこう。

・だれが来るのか。

・どんな集まりなのか。

・なにをするのか。

・どんなことが起こるのか。

・どんな話をすればいいのか。

親戚の家に行ったり，親戚がきみの家に来たら，話をしよう。

親戚や友だちに，こんなことをたずねよう。

＊「元気だった？」　　＊「なにか変わったことはない？」

親戚や友だちからの質問に答えよう。

・明るい声で話そう。　　・学校や趣味の話をしよう。

必要なときは，ちょっと休けいしてもいいんだ。

＊お父さんかお母さんに聞いて，少し外に出てみよう。

＊少しの間，自分の部屋に行って，本を読んだり音楽を聞いたりしよう。親戚の家にいるときは，ほかの部屋に行ってもいいかどうか親戚に聞こう。

＊洗面所に行って，顔に水をかけてみよう。

＊気持ちが落ちついたら，またみんなのところにもどって話をしよう。

＊またあとで休けいしてもいいんだよ。

わすれないで！ リラックスしていれば楽しいよ。

94 ほめられたり，ほめたりしよう

> 正しくほめたり，ほめられたりするのは，いいことなんだよ。

ほめてもらったら・・・

ほめられたらすぐに，「ありがとう」と言おう。

「当然だよ」とか「ぼくもそう思うよ」と言うのは失礼なんだ。

「そうじゃないよ」と否定するのもよくないよ。

ほめてくれた親切な人に，きちんとお礼を言おう。

人をほめるときは・・・

親切なことを言いたいとき，相手をほめよう。

相手にいい気持ちになってほしいとき，ほめよう。

相手のいいところに気がついたら，ほめよう。

相手がきみにお礼を言わなくても，「ありがとうって言わないの？」と言わないようにしよう。

ほめ言葉にはこんなものがあるよ。

●相手のよい態度をほめる
よくやったね。
かっこいい。
いいね。

●外見をほめる
すてきな髪だね。
きれいな服だね。
かっこいいくつだね。

●運動中やゲーム中にほめる
やったね！
いいぞ！
うまい！

●友だちの家でほめる
壁の絵，すてきだね。
いい部屋だね。
おいしかったよ。

●音楽や絵をほめる
いい歌だね。／いい絵だね。
いい声だね。／きれいだね。
うまい絵だね。

家で，ほめる練習や，ほめられる練習をしよう。

家族は，きみに親切だね。

家族のこともほめようよ。

わすれないで！ ほめたり，ほめられたりすると，みんないい気分になるよ！

ルール

95　あやまろう

> 　自分が言ったこと，したことで，だれかを悲しい気持ちにさせたり，怒らせたり，傷つけたり，いやな気分にさせたりしたときに，「ごめんなさい」と言うのが，あやまるということだよ。「もうしないよ」という気持ちも込めてあやまろう。

こんなとき，あやまろう。
　失敗したとき。
　まちがったことをしたとき。
　自分のしたことをはずかしいと思ったり，悪いことをしたと思ったりしたとき。

あやまるときは，こんなふうにしよう。
　「＿＿＿＿＿＿＿をして，ごめんなさい。」
　心の込もった声で言おう。
　ウソっぽい声であやまると，
　・本当にあやまっていると思ってもらえないよ。
　・問題から逃げようとしていると思われるよ。
　・問題は解決しないよ。

わざとでなくても，こんなまちがいをしたら，あやまろう。
　だれかにぶつかった。
　まちがったことを言ってしまった。
　なにかをこわしてしまった。
　きみがまちがったことをしたと，だれかに言われたときも，あやまろう。

　こう言ってあやまろう。
　・「そういうつもりじゃなかったんだ。ごめんね。」
　・「わざとじゃなかったんだ。ごめんなさい。」
　・「あっ失礼。ごめんね。」

　こんなふうに言うのはよくないよ。
　・「そんなことしてないよ。」　　・「きみがしたんじゃないの。」

あやまるときは，心を込めて本当にあやまろう。
　「ごめんなさい」と言ったら，次からは同じことをしないようにしよう。
　「ごめんなさい」とさけんだら，怒っているみたいで，心が込もらないよ。

わすれないで！ まちがったことをしたら，あやまって，もうくり返さないようにしよう。きみはとてもいい人なんだよ！

96 人のものをさわるときは，聞いてからにしよう

人のものをさわる前に，さわってもいいか，かならず聞こう。

聞かないで勝手にさわると・・・

* いやがられるよ。
* 怒られるよ。
* 持ち主をこまらせてしまうよ。
* めんどうがられるよ。

さわる前に，こう聞こう。

* 「ちょっと見てもいい？」
* 「見せてくれる？」
* 「かっこいいね。さわってもいい？」
* 「開けてもいい？」（たなや押入れの場合）
* 「きみのパソコンやゲームで遊んでもいい？」

返事を待とう。

相手がいいと言うまでは，さわってはいけないよ。
相手がいやだと言ったら，さわってはいけないよ。

友だちの家にいるときは・・・

* さわってもいいか友だちに聞こう。
* 友だちに見せてもらおう。

勝手に友だちのものをさわると，もう家によんでもらえないかもしれないよ。
友だちの家の電話が鳴っても，出てはいけないよ。
友だちの親のものにさわってはいけないよ。

学校にいるときは・・・

友だちの机やかばんの中のものを勝手にさわると，友だちが怒るよ。
友だちのものをさわる前に，さわっていいかどうか聞いてみよう。
だめと言われたら，さわらないよ。

わすれないで！ 人のものをさわるときは，さわる前に，さわってもいいかかならず聞こう！

ルール 97　だれかの死を悲しんでいる人には，思いやりを伝えよう

大切な人が亡くなったりペットが死んだりしたら，とても悲しいよね。だれかの死を悲しんでいる人がいたら，なにかを言ったりしたりする前に，注意深く考えよう。悲しんでいる人に，きみの思いやりを伝えよう。

友だちの大切な人が亡くなったら，友だちをなぐさめるのはいいことなんだ。
　友だちはとても悲しいだろう。
　友だちがとても悲しんでいるときには，正しいことを言ったりしたりするのが大切なんだ。

こう言ってみよう。
　＊「本当にお気のどくです。」
　＊「きみの大切な人が亡くなって，ぼくも悲しい気持ちだよ。」
　＊「＿＿＿＿＿を亡くして，残念だったね。」

こうつけ加えてもいいよ。
　＊「わたしにできることがあれば，言ってね。」
　＊「話をしたければ，いつでも言ってね。」
　＊「いつもきみの味方だよ。」

友だちが悲しんでいるとき，どうすればいい？
　心の込もった親切な声で話そう。
　友だちに，お悔やみの手紙を出そう。
　友だちをなぐさめて，泣くのを見守ってあげよう。

きみがなにも言わなかったり，なにもしなかったりしたら・・・
　友だちは傷つくかもしれないよ。
　友だちは，きみが心配していないと思うかもしれないよ。
　友だちは，きみがよい友だちではないと思うかもしれないよ。

悲しんでいるのがきみだったら・・・
　きみの知っている人が亡くなったのだと，友だちに伝えよう。
　友だちは，「残念だったね」と言ってくれるだろう。
　そうしたらきみは，「ありがとう」と言おう。

わすれないで！　だれかの死を悲しんでいる人に話しかけるのはむずかしいかもしれないけど，とてもいいことなんだよ！

98 大人にはていねいな話し方をしよう

子どもと大人では,話し方がちがうんだ。大人と話すときは,きちんとした言葉を使って,ていねいに話すのが礼儀なんだよ。

こんな相手には,きちんとした言葉で話そう。

先生　　　　　　　　校長先生

よく知らない大人　　お父さんやお母さんの会社の人

初めて会う大人

きちんとした言葉って,どういう言葉?

相手を敬う気持ちを表す,ていねいな言葉のことだよ。

たとえば,「お会いできてうれしいです」というのはきちんとした言葉だね。

(そして,相手が手を差し出したら握手をしよう。質問されたら,目を合わせて答えよう。)

流行り言葉は使わないよ。

きちんとした文を正しく話そう。

〜先生,〜さん,とよびかけよう。

大人の話にわり込んではいけないよ。

子どもに話すときや,友だち同士なら,かたくるしくない話し方をしよう。

家で話すとき。　　　　　学校で話すとき。　　　　遊びながら話すとき。

初めての子に会ったとき。　家族のだれかと話すとき。　校庭で話すとき。

かたくるしくない話し方って,どんな話し方?

子どもや友だち同士でリラックスして話すときの話し方だよ。

たとえば,

●友だちと会ったら「やあ!　元気?」と言おう。

●流行り言葉を使ってもいいんだよ。

●気持ち悪いことや,おもしろい映画のこと,ばかばかしいことを話してもいいよ。

●ふざけてもいいんだ。

子どもにていねいな話し方をすると,へんに思われるよ。

大人に礼儀正しくない話し方をすると,失礼だと思われるよ。

わすれないで! 相手と状況によって,話し方を変えることが大事
だよ!

ルール 99　ふざけすぎないようにしよう

> わらうのは楽しいよね。自分もまわりの人も気分がよくなるんだ。でも，あまりふざけすぎると，まわりの人がわらえなくなってしまうよ。

おかしいことがあったらわらおう

でも，相手がきみほどわらっていなかったら，2，3秒わらったら，わらうのをやめよう。

いつまでもわらい続けたら，失礼だと思われるよ。

わらいながらじょうだんを言ったら，相手に聞こえないよ。

じょうだんを言うときは，さいごの「オチ」を言ったあとでわらおう。

どんなときにわらえばいいの？

＊だれかがじょうだんを言ったとき。　　　　　＊おかしいことが起きたとき。

＊ばかばかしいことや，へんなことが起きたとき。　　＊おかしい音を聞いたとき。

＊友だちがわらっているとき。

＊きみにはそのじょうだんがわからないけど，友だちがわらっているとき。

＊ちょっとはずかしいことやこまったことが起こったとき（声を出さないで静かにわらおう）。

＊コメディ映画やおわらい番組を見ているとき。

いつわらうのをやめればいいの？

＊友だちがわらうのをやめたとき。

＊友だちに，もうわらわないように言われたとき。

＊友だちに「ちっともおかしくないよ」と言われたとき。

＊先生に「静かに」と言われたとき。

＊先生が，「もうわらうのをやめなさい」という顔できみを見たとき。

＊だれかが怒り始めたとき。

どうやってわらうのをやめればいいの？

友だちが言ったりしたりしていることに集中すれば，わらうのをやめることができるよ。

ほかのことを考えるのもいいね。

わらい続けてとまらなくならないようにしよう。

同じじょうだんをくり返し言ってもいいの？

同じじょうだんを2回言ったら，もう言わないようにしよう。

同じ人に同じじょうだんを3回以上言ったら，もうちっともおかしくないんだ。

同じじょうだんを同じ人に2回言ったあとは，自分だけわらわないようにしよう。

わすれないで！　長くわらいすぎないように注意しよう！

「わすれないで！」リスト

この本に出てきた「**わすれないで！**」のリストだよ。これを見て，ルールの内容を思い出そう。
毎週「**わすれないで！**」を1つから3つ選んで，それを毎日練習しよう。ルールの内容をわすれたときは，ルールのところを見直して，やり方をたしかめよう。
この本のルールをおぼえたら，きみのソーシャルスキルはばっちりだよ！　きっと自分のことがとてもよく思えるようになるよ！

ルール１：　あいさつには親しみを込めて！

ルール２：　おしゃべりするときは，ちょっと質問をして，ちょっと自分の考えを言おう！

ルール３：　みんなかわりばんこに話そうよ。キャッチボールを続けよう！

ルール４：　聞き手が話し手になったり，話し手が聞き手になったりするんだよ！

ルール５：　話し手はときどき話をやめて，聞き手の気持ちを考えよう！

ルール６：　話し手の顔を見たり，うなずいたり，質問したり，興味があることを示したり，意見を言ったりすれば，会話が続くよ！

ルール７：　友だちの考えに反対でもだいじょうぶ。みんなが自分と同じ考えでなくてもいいんだ！

ルール８：　相手の話を聞いたり，意見を言ったりしよう。話題を変えるときは，自分の考えを言ったり，説明したりしよう！

ルール９：　同じことをずっと話し続けると，友だちは「もうやめて」と，あっちへ行ってしまうかもしれないよ！

ルール10：　大人と話すときはていねいに，友だちと話すときは子どもの話題を選ぼう！

ルール11：　電車や＿＿＿＿＿＿＿のこと以外のことも話そう！

ルール12：　相手の質問に答えるのは，親切なことなんだ！

ルール13：　同じ質問を何度もされると，友だちは怒ってしまうよ！

ルール14：　会話を始める練習をしよう。きっとできるよ！

ルール15：　人と話すときは，話のポイントに気をつけよう。

ルール16：　考えをまとめたり，自分を落ちつかせたりするために，ひとりでいるときにひとりごとを言ってもいいんだ。学校や人前ではひとりごとを言わないようにしよう！

ルール17：　まず自己紹介をして，いっしょに遊ぼうとさそって，新しい友だちを作ろう。

ルール18：　きっと，きみと友だちになりたい子が見つかるよ！

ルール19：　友だちになりたい子に質問すれば，その子と自分の同じ部分が発見できるよ！

ルール20： かわりばんこに選んだり，歩み寄ったりすれば，友だちができるよ！

ルール21： 解決の方法が見つかるように話し合えば，友だち同士でいられるよ！

ルール22： 友だちにどんなことをすればいいかを考えて，よい友だちになろう！

ルール23： きみの行動で，友だちができるかどうかが決まるよ！

ルール24： 友だちはけんかしたり，仲直りしたりして，もっといい友だちになれるんだ！

ルール25： 自分のために正しい決心をするのは，自分の責任だよ！

ルール26： 友だちを家によぶときは，前もって計画を立てよう！

ルール27： 友だちはきみと遊ぶために来てくれたんだから，なにをするかいっしょに決めよう！

ルール28： 礼儀正しくすれば，きっとまたよんでもらえるよ！

ルール29： 友だちが来ているときに，ひとりでコンピュータゲームをするのはよくないよ。いっしょにしたり，ゲームについて話したりしよう！

ルール30： 携帯メールは便利で早い方法だけど，ほかの人に見られるかもしれないから，ルールを守って送ろう！

ルール31： 前に聞いたことがあって，意味がわかっているじょうだんだけを言うようにしよう！

ルール32： 男の子といるときと女の子といるときでは，ちがうじょうだんを選ぶこと！

ルール33： 俗語や慣用句の意味をおぼえよう！

ルール34： 俗語や慣用句をおぼえたら，みんなの言うことがよくわかるようになるよ！

ルール35： 学校で友だちと話せば，仲よくなれるし，新しい友だちも作れるよ！

ルール36： クラスのルールが守れれば，勉強がもっとよくできるようになるね！

ルール37： 答えが正しいときも，まちがっているときもあるよ。正しいとうれしいね。まちがっているときは，まちがいから学べばいいんだから，あわてないでいいんだ！

ルール38： 言葉で言わなければ，手助けしてもらえないよ！

ルール39： 書き方のとおりに書けば，作文はかんたんだよ！

ルール40： 算数の文章問題は，キーワードを見つければ，解き方がわかるよ！

ルール41： お話のあらすじをまとめるのは，方法がわかれば楽しいよ！

ルール42： 学校でその日の予定が変わるのはいやだけど，落ちついていればだいじょうぶ！

ルール43： 先生の許可なく教室から外へ出るのは安全ではないよ！

ルール44： 列に並ぶときは，体を前に向けよう。

ルール45： 言いつけ魔は，よくないよ！

ルール46： 小学生も中学生もみんなで遊ぶけど，遊び方がちがうんだ！

ルール47： 強い気持ちでいれば，からかわれても平気だよ！　もしいじめられたら，友だちや，先生や，お父さん・お母さんや，カウンセラーや，校長先生に助けてもらおう！

ルール48： からかわれてもちゃんと反応できれば，自分の強さを示すことができるし，もうからかわれなくなるよ！

ルール49：	気にしなければ，あんまりイライラしないよ！

ルール49：　気にしなければ，あんまりイライラしないよ！

ルール50：　一度いじめられると，何度もくり返していじめられるようになるんだ。自分の行動を変えて，いじめられっ子にならないようにしよう！

ルール51：　うわさや秘密を広めるのをきちんと断れば，もうしつこくされないよ。メッセンジャーにならなくてすむんだ！

ルール52：　うわさを流しちゃだめだよ！

ルール53：　本当の友だちは，相手に親切にするものだよ。もしグループの子にからかわれたり，いじわるをされたりしたら，いつでもグループをやめよう！

ルール54：　信じられないほどすごい話は，たいていうそなんだ！　ほら話や大げさな話をすると，友だちがいなくなるよ。

ルール55：　スポーツマンらしく行動しなければ，いっしょに遊んでもらえないよ！

ルール56：　安全と健康と幸せのために，自分にとって正しい決断をしよう！

ルール57：　外見のためだけではなく，健康のためにも，清潔にしよう！

ルール58：　だれかがきみと友だちになりたいかどうかは，きみの行動しだいで決まるんだ！

ルール59：　よい行動に変えて，前進しよう！

ルール60：　変化には段階があることがわかって，練習すれば，変化をかんたんに受け入れられるよ！

ルール61：　初めてのことや正しい行動について話し合っておけば，きっと落ちついてうまくできるよ！

ルール62：　選んだら，そのとおりにしよう。いいものを選んだと思おう。

ルール63：　ベストをつくしたら，それでいいんだよ。努力したら自分をほめよう！

ルール64：　ほかの人の言うことを聞けば，こだわりをやめることができるよ。「やめて」と言われたら，やめよう！

ルール65：　腹が立ったときは，まず冷静になることが大切だよ。気持ちが落ちついたら話し合って，問題を解決しよう！

ルール66：　よい解決方法を見つけて問題を解決すれば，気持ちが落ちついて，もっとうまくいくようになるよ！

ルール67：　正しくたのめば，ほしいものが手に入ることが多いんだ。まちがったたのみ方をしたら，きっと「だめ」と言われるよ！

ルール68：　今回「だめ」を受け入れれば，次回はみとめてもらえるかもしれないよ！

ルール69：　計画が変わっても，冷静でいよう！

ルール70：　だれかに恋をしたら，まず友だちになるところから始めよう！

ルール71：　言葉がわざと反対の意味で使われることがあるよ。そんなときでも意味がわかるように，練習してみよう！

ルール72：　自分のままの自分が好き！

ルール73：　計画を実行すれば，目標を達成できるよ！

ルール74：　話すときも聞くときも，相手と目を合わせよう！

ルール75：　自分の体の位置を考えて，相手に近づきすぎないようにしよう！

ルール76：　表情を使って気持ちを表そう。人の表情も観察しよう。表情には，その人の本当の気持ちが表れるんだ！

ルール77：　ジェスチャーをおぼえたり練習したりすれば，意味がわかるようになるよ！

ルール78：　背筋をしゃんと伸ばして立って，自信を表そう！

ルール79：　さわるのは，とっても「ビミョー」だよ。まちがえないように気をつけよう！

ルール80：　声の調子を変えると，言っていることの意味を変えることができるよ！

ルール81：　親切にたのめば，親切に答えてもらえるよ。いばったら，みんなを怒らせるし，返事をしてもらえなくなるよ！

ルール82：　声の大きさを，時と場合に合わせれば，ちゃんと聞いてもらえるよ！

ルール83：　よい仕草をするようにしよう！

ルール84：　礼儀正しいと思われるように，ていねいな言い方をしよう！

ルール85：　よい印象を与えれば，人によく思われるよ！

ルール86：　電話のかけ方や電話での話し方を練習すれば，電話をじょうずに使えるようになるよ！

ルール87：　メールは友だちと連絡し合う楽しい方法だよ。正しく使おう！

ルール88：　人の話にわり込まないようにしよう。どうしてもわり込まなくてはいけないときは，「すみません」と言おう！

ルール89：　いい友だちなら，いっしょに使えるよ！

ルール90：　友だちに食べ物をすすめるのは，礼儀正しいことなんだよ！

ルール91：　前に並んでいる人を見ていれば，どうすればいいかがわかるよ！

ルール92：　パーティーによばれたら，マナーを守ろう。

ルール93：　リラックスしていれば楽しいよ。

ルール94：　ほめたり，ほめられたりすると，みんないい気分になるよ！

ルール95：　まちがったことをしたら，あやまって，もうくり返さないようにしよう。きみはとてもいい人なんだよ！

ルール96：　人のものをさわるときは，さわる前に，さわってもいいかかならず聞こう！

ルール97：　だれかの死を悲しんでいる人に話しかけるのはむずかしいかもしれないけど，とてもいいことなんだよ！

ルール98：　相手と状況によって，話し方を変えることが大事だよ！

ルール99：　長くわらいすぎないように注意しよう！

もっとあるよ，ソーシャルスキルのルール

　気づいたことや，きみに役立つほかのルールを見つけたら，ここに書こう（このページをコピーして使ってもいいよ）。

_____

_____

_____

_____

_____

_____

_____

_____

_____

_____

_____

_____

_____

著者紹介

スーザン・ダイアモンド

言語病理学の専門家として，25 年にわたり言語発達障害やソーシャル・ランゲージ・スキルの分野で活躍を続けている。ソーシャルスキルの権威としてのテレビ出演，ソーシャルスキルをテーマとした DVD 制作のほか，セラピストや教師を対象にしたワークショップも多く開催している。
本書で，2012 年 NAPPA（アメリカの優秀な子育て本に与えられる賞）銀賞受賞。

訳者紹介

上田勢子

東京生まれ。1977 年，慶應義塾大学文学部社会科学科卒。1979 年より，アメリカ・カリフォルニア州在住。写真評論などに従事しながら，児童書，一般書の翻訳を数多く手がける。
主な訳書に『自尊感情を持たせ，きちんと自己主張できる子を育てるアサーショントレーニング 40』『自閉症スペクトラムの子どものソーシャルスキルを育てるゲームと遊び』『不安やストレスから子どもを助けるスキル＆アクティビティ』『一人でできる中高生のための PTSD（心的外傷後ストレス障害）ワークブック』『子どもの毎日の生活の中でソーシャルスキルが確実に身につく 187 のアクティビティ』（共に黎明書房），「子どもの認知行動療法—だいじょうぶ—シリーズ」全 6 巻（明石書店），『私たちが死刑評決しました。』（ランダムハウス講談社），「子どものセルフケアガイド」全 2 巻（東京書籍），「学校のトラブル解決シリーズ」全 7 巻，「心をケアする絵本」シリーズ 3 点（共に大月書店）などがある。

＊イラスト：伊東美貴

新装版　子どもに必要なソーシャルスキルのルール BEST99

2021 年 3 月 15 日　初版発行

訳　者	上田勢子	
発行者	武馬久仁裕	
印　刷	株式会社　太洋社	
製　本	株式会社　太洋社	

発　行　所　　　株式会社　黎明書房

〒460-0002　名古屋市中区丸の内 3-6-27　EBS ビル　☎ 052-962-3045
FAX 052-951-9065　振替・00880-1-59001
〒101-0047　東京連絡所・千代田区内神田 1-4-9　松苗ビル 4 階
☎ 03-3268-3470

## 自尊感情を持たせ,きちんと自己主張できる子を育てるアサーショントレーニング40 リサ M. シャーブ著　上田勢子訳 B5判・192頁　2700円	先生と子どもと親のためのワークブック　上手に自己主張できるようになるための,楽しくできる書き込み式アクティビティ40種を収録。グループでも一人でも,教室でも家庭でもできます。
## 子どもの毎日の生活の中でソーシャルスキルが確実に身につく187のアクティビティ エリザベス A. ソーター著　上田勢子訳 B5判・123頁　2400円	発達障害の子どもを初め,人とつきあうことが不得手な子どもに社会生活上のルールやふるまい方を確実に身につけさせることができる,日常生活に即したアクティビティを187収録。
## 一人でできる中高生のためのPTSD(心的外傷後ストレス障害)ワークブック リビ・パーマー著　上田勢子訳 B5判・158頁　2600円	トラウマ(心的外傷)から回復できるやさしいアクティビティ39　フラッシュバックや不眠症などのPTSDの症状に苦しむ中高生が,豊富な具体例を参考にトラウマから回復できるワークブック。
## 不安やストレスから子どもを助ける ## スキル&アクティビティ キム・ティップ・フランク著　上田勢子訳 B5判・96頁　2200円	失敗が怖い,1人が怖い,学校が怖いなど子どもを襲う様々な不安やストレスを,子どもが自分自身で克服するためのSSTワークブック。読みやすく,誰にでも実践できます。
## 高機能自閉症・アスペルガー障害・ADHD・LDの子のSSTの進め方 ―特別支援教育のためのソーシャルスキルトレーニング(SST) 田中和代・岩佐亜紀著　B5判・151頁　2600円	生活や学習に不適応を見せ,問題行動をとる子どもが,社会的に好ましい行動ができるようになり,生活しやすくなるように支援する,ゲームや絵カードを使ったSSTの実際を詳しく紹介。
## 小学生のための3枚の連続絵カードを使ったSSTの進め方 田中和代著 B5判函入・77頁+カラー絵カード32枚　4630円	カラー絵カード32枚(48場面)付き　仲直り,衝動性を我慢する等のソーシャルスキルを,基本的な16事例に即し,3枚の連続絵カードとロールプレイで体験的,効果的に学べます。
## 新装版 ワークシート付きアサーショントレーニング ―自尊感情を持って自己を表現できるための30のポイント 田中和代著　B5判・97頁　2100円	ロールプレイを見て,ワークシートに書き込むだけで,誰もが自分らしく,さわやかに相手と違う意見を主張したり,断ったりできるアサーションスキルを身につけられる本。新装版。
## 新装版 ゲーム感覚で学ぼう,コミュニケーションスキル ―小学生から(指導案付き) 田中和代著　B5判・97頁　1800円	初対面ですぐに仲良くなれるゲームや,さわやかな自己主張をするアサーショントレーニング等,準備やルールが簡単で効果が上がるもの31種を紹介。指導案付き。新装・大判化。
## 家庭でできる呼吸法でストレス解消法 ―心静かな毎日を過ごそう〈音声ガイド入り音楽CD付き〉 田中和代著　B5判・67頁　2300円	音声ガイド入り「星空につつまれて」「となりのトトロ」を聞きながら,心も体もリラックス!『先生が進める子どものためのリラクゼーション』(2012年刊)を家庭向けに改訂,大判化。

表示価格は本体価格です。別途消費税がかかります。

■ホームページでは,新刊案内など,小社刊行物の詳細な情報を提供しております。「総合目録」もダウンロードできます。
http://www.reimei-shobo.com/